Ⓢ新潮新書

曽野綾子

SONO Ayako

アラブの格言

JN263530

011

新潮社

はじめに

一九七五年に初めてアラブ諸国を訪れるまで、私は多くの日本人と同様、アラブの文化と人について全く知らなかった。その時訪れた湾岸周辺国や北アフリカの土地に住む日本人たちは、物馴れない私に対して、大変親切で優しく教育的でもあった。人は誰でも教師となることができるし、教師となった時、輝いて見える。時々ほんのちょっと、私をからかって、少し大げさに言う人もいるような気がしたが、たくさんの人たちが私にただで基礎知識を与えてくれた。

それらの初歩的知識をもとに、私は一冊の本(『アラブのこころ』集英社文庫)を書き、それは一時書店の棚から消えていたのだが、二〇〇一年九月十一日の同時多発テロ以来、オサマ・ビンラディンが脚光を浴びると、再版されるようになった。何しろオサマ・ビンラディンという名前のつけ方のルールさえ日本人記者たちが知らなかったのだから、私の書いた初歩的な書物でも少しは役に立つ部分があったのだろう。

その旅行の初期に、私がまず異文化としてのイスラムの、最も強烈な特色を感じたのは、ベイルート在住日本人から「アラブのＩＢＭ」なるものを説明された時であった。

「曽野さん、ＩＢＭって知ってますか」

私は会社のオフィスに備えてある情報処理機器会社としてのＩＢＭしか知らなかった。

「それと違うんです。アラブのＩＢＭというのは、Ｉ＝インシァラー、Ｂ＝ブクラ、Ｍ＝マレシの略なんです」

アラブ人たちと商売や仕事をする時のことだ。交渉の途中で日本人は、

「本当に大丈夫だな」

と念を押す。確かめる時によく使う言葉だ。すると相手は大まじめで「インシァラー」と答える。「神の思し召しがあれば……」ということだ。アラブのＩＢＭがここで始まる。これは百パーセントの保証ではない。何しろ神は全能だが、人間はそうではないのだから、人間の希望することは、神の助力があれば叶《かな》う、ということを言っている

に過ぎない。相手はそのきわめて自然な事情を語っているだけだ。

しかし諸々の理由でビジネスはなかなかはかどらない。日本人はいらいらして言う。

「いつできるのかね、一体」

「ブクラ（明日）」

明日になっても仕事は終わらず、答えは相変わらず「ブクラ」である。ここで日本人はBの登場に気がつく。相手は誠意を示したつもりなのだ。しかし人間の誠意は成否の要素の半分しか占めない。明日までにやれるかどうか、残り半分の運命は神の意志にかかっている。

かくして仕事の完成はどんどん遅れ、遂にその仕事は不調に終わったとする。日本人はなじる。するとアラブ人は答えるのだ。

「マレシ」

ＩＢＭの完成である。

マレシに関しては、正確には「理のないこと」だというが、「過ぎたことは仕方がないじゃないの」という名訳を当てた人もいた。

つまり事がならなかったのは、誰が悪いからでもない。そうなるようになっていなかったのだし、神がそれを望まれなかったからだ、というのだ。確かにそういうことは人生に多々ある。

若い時に愛した人がいて、その人と結婚できないくらいなら死んだ方がまし、だとさえ考えたという人は多い。しかし別の相手と結婚し、数十年経ってみると、あの人と結婚しなくてよかったのだ、と思えることもよくある。神の意志というものはそのようなものだろう。

しかしこのアラブのＩＢＭほど、柔軟に見えながら鞏固《きょうこ》な論理はない。国会答弁、ビジネスの交渉、汚職や犯罪や事故などが発覚した時に行なう責任者の弁明、すべてこのＩＢＭでやられたら反撥《はんぱつ》の方法がない。

「会社の業績を上げることについて、君たち経営者は自信があるのかね」

「インシァラー（神の思し召しがあれば大丈夫です）」

「問題になっていた点については、いつから改変に着手するかね」

「ブクラ（明日からです）」

毎日が明日なのだ。そして遂に会社の業績を上げることは不可能ということになる。するると彼らは言うのだ。

「マレシ（そうならなかった方がよかったのです）」

だから人間に全責任がおおいかぶさることはないのである。

アラブが強いのは、その論理で押されたら、神が確実に介入しているので、人間の力など半分しか問題にされないからである。

土地と本が、その社会を知る車の両輪のようなものだ。それ以来、私は何度もアラブの地を踏んだし、少しずつアラブに関する本を読むようになった。ことに簡潔に理解する手がかりになったのは、格言の本だった。私は読みながら、しばしば声を立てて笑うこともあった。侮蔑して笑うのではない。同感と尊敬が笑いになって噴き出るのである。

もっとも、これは手ごわい、と思うこともある。アメリカとアラブの軍備そのものを比べたら、アメリカは常にアラブを簡単にやっつけることができる。しかしその背後が問題なのだ。攻撃の後に長く尾を引く人の心の力を簡単に予測することはできない。

世界が対立する時、私は政治家でも外交官でもないので、単純に「贔屓《ひいき》」を作ることをしたくない。できるだけ素早く簡単に、できれば深くまず両者を知りたい、と思う。今回私の手許にある格言の本の中から、アラブを理解するために役に立つかと思われる531の項目を抜き出し、極めて片寄っていると思われる私の視点を添えて、読者に供したいと考えたのが、この本の誕生の背景である。

本書には、厳密に言うと非アラブ世界（トルコ、ペルシャ）の格言も、同じイスラム圏ということで含まれている。

なお、アラブの格言は、汎アラブ的なものと、地方性の濃いものとがあるようである。似たような格言もあり、全く反対の意味を持つものもある。各格言の末尾に附された表記がその生まれた地方を表しているが、中世アラブとムーアに関してだけ、いささかの説明を附記しておく。

二〇〇三年四月

曽野綾子

*中世アラブ

いまのアラブの地区はメソポタミア文明の興ったところであり、滅びたところでもある。そしてこの古代文明の滅びたころ、アケメネス朝ペルシャ、西にはローマ帝国が興った。結局、ローマ帝国が中近東アジアを一応制覇する。しかしローマ帝国は東西に分裂し、ビザンチン(東ローマ)帝国が中近東に強い影響を及ぼす。これはローマ帝国の衰退のひとつの過程であって、それに先立ち東にペルシャのササン王朝がうまれる。その中間に緩衝地帯が存在し、東西二帝国の交流の場を作る。これが中世アラブの発生である。

しかし、ここはいわば無法地帯であって、すべての部族がそれぞれの神を持っていた。すなわちそれぞれの正義を持っていた。そこで交易路は常に群小の暴力組織によってもてあそばれ、安定したものはなかった。交易路の要所には、たとえばメッカのような物の交流の都市があったが、メッカでは、市内に入った隊商は町の外でのいっさいの争いや憎しみを表現することはできないという定めがあった。しかしこれは一種の便法であって、本当の意味での秩序を守るものではない。預言者ムハンマドはこのような状況において、金持ちの未亡人の夫として仕事に従事しているうちに、突如天啓を受けた。イスラム教のはじめである。

すべての部族がそれぞれの神、それぞれの正義を持っていたのに対して、ムハンマドは「絶対なるものは一つ」という信仰をとなえた。それは宗教的思想であると同時に、実現されれば現世においてもアラブ世界の安定と秩序をもたらすものであった。ムハンマドは当初、一神教の先輩として、ユダヤ教、キリスト教に親近感を持っていたが、メッカを退いてメジナに行き、ユダヤ教徒を取り込もうとして裏切られた。そのときから彼が神から受けた預言を集めたコーラン（クルアーンともいう）には、多くのユダヤ教、キリスト教の説話、教えが含まれているにもかかわらず、イスラム教は独立した信仰を確立した。しかしムハンマドは全中近東征服の志半ばで倒れ、その後、ムハンマドの跡を継ぐのは、ムハンマドの血をひくものか、ムハンマドの信仰をひくものかによって二派に別れる。これがシーア派とスンニ派である。ムハンマドの血統を重んじるシーア派は、ササン朝ペルシャ（今日のイラン周辺）を中心に広がり、彼の精神を重んじるとするスンニ派はその西の方に広がった。中世のアラブの歴史は一言でいえば、シーア派とスンニ派の宗派の争い、あるいはそれぞれの宗派を国是（国の方針）とする国々の争いである。

＊ムーア

アラブ社会に入り、アフリカ北部に住むイスラム教徒を指す。多くは歴史的には奴隷として入った。古代帝国のエネルギー源は、家畜と人間の筋肉と風力ぐらいのものである。だから、帝国ができるときは奴隷が必要になったと思われる。

アラブの格言・目次

第一章　神

「追う者と追われる者は、共に神の名を口にする」

イスラム教徒とキリスト教徒が激しく対立するというのは、一面において真実であり、一面では違う。両者の結婚はよくあることだし、国境においても、一人のキリスト教徒として私は、イスラム教国の入国管理官に困らされたことはない。日本人には信じがたいことなのだが、神のある人間はそれだけで信用を得るものなのである。

イスラム教国では、どの国でも原則として、入国時の書類に各自の宗教と父の名を記載する欄がある。父の名はイスラムが父性社会であることを示し、私流に言えば、その人物が操正しい母親の正式の結婚によって生まれた子であることを表すためである。

宗教の欄では、多くの日本人がその時胸を張って「無宗教」と書く。つまりその人の信条の中には、科学は信頼しても、迷信の彼方にある神などを信じていない自分は、それだけで教養人だというニュアンスを示している。しかし、イスラム教国ではそうではない。神もないような人間なら何をやらかすかしれないというのが、彼らの判断である。だから無宗教と書いた旅行者は、それだけでかなりの疑いの目を持って見られる。

ただし、神にも「遠近」があるのは事実だ。イスラムの神を信じる同宗教に属する人たちは、それだけで信頼に値する人々である。もちろん、その中にも、実社会では、詐欺師もいるし、人妻に手を出す死刑に値する犯罪者もおり、時に化学兵器で大量虐殺を企てる者もいる。

しかし、同じ神を持つ人たちならそれはそれでやり方があるのだ。悪人なら悪人としての対し方も、罰し方も心得ているのである。千数百年も前から、彼らの間にはその処理法も確立している。

しかし、少しばかり遠いキリスト教の神は別である。

二〇〇二年秋にシリア北部で私が出会ったクルド人たちは、サダム・フセインに激しい憎悪を持っていた。同胞がサダムの化学兵器で虐殺されたからである。しかし憎悪は、関心があることの証拠であり、時に和解に至る一つの道でもある。

それに対して、遠いアメリカで人道と正義をうたうジョージ・W・ブッシュは、所詮は部族外の人間だ。いかなる悪人でも同じ宗教なら修復の可能性がある。しかしブッシュは他部族で他宗教の遠い存在である。ゆえにいかにブッシュが人道と正義を説いても、イスラム社会では力を持たない。サダム・フセインがどのような嘘つきであり、残虐な性格であろうと、一度イラクを敵にまわせば、ブッシュは膨大なイスラム社会全体と敵対することになるだろう。クルドがアメリカに近づくのは、

「敵の敵は味方」

というもっとも普遍的な抗争の原則が働いているからだ。彼ら部族社会では、何らかの意味で程度の差こそあれお互いに常に敵対しているのだ。だから「敵の敵は味方」という情熱は、どの土地においても普遍的なのである。しかし敵を倒せば、敵の敵はすぐお払い箱になる。

先に述べたようにクリスチャンは、ヒンズー教徒や仏教徒よりは素性の知れた扱い易いグループである。ことにレバノン、イスラエルなどでビジネスをする人々にとっては貴重な存在だ。何しろ一ヶ月に及ぶ断食月もないし、食物に関連した産業で働かせても豚肉に対する禁忌もない。厳重な食事規定を持つユダヤ教徒のような狭量なところはな

いし、皮肉を言えば、娼婦の存在まで容認している。だから、ホテルの従業員などとして使うには制約のないキリスト教徒が最高だ。

＊あなたが必要としている限り、キリスト教徒に親切にしなさい。しかしそうでなければ、やつらの頭の上に壁をひき倒せ。（レバノン）

＊キリスト教徒が一枚噛めば、事はうまくいく。（モロッコ）

もっともイスラムも、常に神との関係においてはどうしたらうまく立ち回れるか苦慮している。日本人のキリスト教徒や仏教徒の中には、日曜日に教会に行く時や法事があってお寺に行く時以外、人間に君臨する神仏の存在を忘れている人もいる。しかしアラブにとって神は執拗な同行者だ。女房は家に置いて旅に出ればその存在を忘れていられるが、神は常に危険と隣り合わせている砂漠のただ中においてこそ強く感じられる。

ただ、神と格闘することは――グレアム・グリーンがその作品のなかで示したことでもあるが——人間の精神を鍛える。不純な歓喜と哲学的な苦渋を添えることによって生活を彩りもするのである。

＊馬に乗ると神のことを忘れ、馬をおりると馬のことを忘れる。（アラブ）

＊神を信じよ。しかしラクダをつなぐのを忘れるな。（トルコ）

そもそも人生は忘恩的なものだということを、彼らは客観的に知っているが、人間としてのアラブ人は我々と同じように、神が適当につかず離れずそばにいてくれることを望むのだろう。

アラブ人たちも神はいかなる「人物」かを常に考えている。神という概念がわかりにくいのは誰にとっても同じことだ。だから、神の認識は人間との「関係」においてとらえる他はない。そこで彼らは言うのである。

＊神の腹は大きい。（イラク）

＊神の心にあることは、人にはわからない。（アラブ）

＊神はスルタン（イスラム教国の君主）より偉大である。（イラク）

＊神は四十年待つ。（イラク）

＊もしも神が許さなかったら天国は空っぽになる。（アラブ）

＊神は物事を逆にとる。（レバノン）

＊神はおまえに一つのものを与えて、もう一つのものを取り上げる。（アラブ）

乾燥した土地に住む彼らの生活は厳しいから、そう思う他はない。干魃《かんばつ》は襲い、子供は高い死亡率で死に、強欲な叔父や甥《おい》はしゃらっとした表情で裏切ったり嘘をついたりするし、姪《めい》はふしだら、商売相手には騙《だま》される。神は一つのものをくれれば一つのものを取り上げると思うのも自然なのである。

その結果、人間は神との付き合い方を模索する。神は適当な時に思い出し、他の時には忘れ、必要なら引き合いに出し、困る時は遠のいていただく、というのが理想の関係である。

＊**もしも罪を犯したら、隠せ。**（アラブ）

＊**神を恐れぬやつこそ恐ろしい。**（アラブ）

＊**人間は考え、神が用意する。**（アラブ）

＊風はいつも悪い方向から吹いてくる。（サウジアラビア）

＊もしもおまえがラクダを持っていないなら、雄牛に荷をつけて神様におまかせすることだ。（アラブ）

昔から長旅にはラクダ、近距離の荷運びにはロバが使われたであろう。このラクダがもし手に入らなかった場合は、牛に荷をつけて運ぶほかはない。その牛が暴走するかしないかは神のみぞ知る、という心境なのか。数日間飲まずに歩けるラクダは一種の財産である。

＊穀象虫《こくぞうむし》がいっぱいついてしまった豆のために、神は盲目の乾物屋（食料品屋）をお置きになる。（アラブ）

＊歯のない男のために神様が豆を下さったのだ。（アラブ）

ご都合主義だからと言って、彼らが不実な人々であるということはない。我々は誰もが自分の「ご都合」が第一に大切なのである。だから神との関係を現実的に具体的にどのように構築するかについて、頭を使う。知恵も働かせる。それが彼らの人間を創るのである。

＊自分に日陰を作ってくれる木を切り倒してくれ、などと神に頼むな。（レバノン）

＊追う者と追われる者は、共に神の名を口にする。（トルコ）

この格言はあたかもバクダッド陥落前までのブッシュとサダム・フセインの行動を予言したようなものとなった。

＊もっとも聖なる土地に最高に薄汚い連中が住む。（レバノン）

これはエルサレムを想定して当てこすったのだろうか。それともメッカやメジナ近辺で、イスラムの巡礼者たちに接してあこぎな商いをする商人たちのことなのだろうか。彼らは絵に描いたような勧善懲悪も理想も信じない。彼らは埃《ほこり》にまみれていても、字が読めなくても、厳然として人間として自分で考え、自分の目で見る。

＊断食して祈れ。そうすればきっとよくないことが起こる。（レバノン）

誤訳でも誤植でもない。信仰などで事はよくならない、という皮肉な現実認識である。彼らは日本人のように美徳や理想を口にしない。

＊犬は必ず死ぬ前にモスク（イスラム寺院）の壁でウンコをする。（トルコ）

＊人は溺れると魚に食べられ、浮くと鳥に食べられる。（オマーン）

＊狐の最後の穴は毛皮の店。（アラブ）

私はカトリックの修道院の経営する学校で教育を受けたが、そこで受けたもっとも高級な教育は、「信仰をその人間の部分で判断するな」ということであった。

どの宗教にもあらゆる人がいる。聖者も賢人も道徳家もいれば、泥棒、変質者、殺人犯もいるのである。世間は、悪人が悪をなしている以上、安定を感じている。しかし、聖人や指導者がその評判に反したことをすると、いらだつのである。これは世界中どこでも同じだ。

私は或るイスラム教国で、ムラーと呼ばれる人（イスラム教の宗義に通じた人）に会ったことがある。厳密なイスラム教徒だから、女性である私と握手もしないし、顔も正面切っては見ないが、「それはべつにあなたに悪意を抱いているからではない」とあらかじめ紹介役の国連関係機関のフランス人に解説された。

私たちは、やましいことがない限り、相手の目を見つめてものを言えと教育されている。しかしその時私は、異性はお互いに顔を見なくていいという関係が容認されることも気楽で悪くないと考えた。私は会見の席では、注意された通りしとやかそうに目を伏せ、どこを見ていいかわからないので、相手の掌《てのひら》を凝視した。そして私のとぼしい手相の知識によって相手の性格を類推しようとしたのである。

その時私はひどい混乱に陥った。その手相は、いかなるあこぎな商人といえども、これほど物質的、現実的な手相はないと思われるものであった。私は宗教上の指導者ならもう少し精神的、夢想的手相をしているだろう、と勝手に思い込んでいたのである。私はそのくい違いを、どうせ遊びの程度でしかない私の手相見の道楽の知識が、非常に未熟なせいだと思った。しかしまもなく、次のことを知らされたのである。

少なくともその国においては、ムラーには、日本のように安定した檀家の制度がなく、一人のムラーは自分の力で信徒を集めねばならない。従ってムラーには、考えられる限りの世俗的な「集人、集会、集金」の才能がなければならないというのであった。

＊どんなにモスクが大きかろうと、ムラーは自分の知っていることを説教するだけだ。

（トルコ）

＊私は三つのものを見たことがない。蟻の目、蛇の足、ムラーの親切。（ペルシャ）

＊悪い医師はあなたの健康を損ね、悪いムラーはあなたの信仰を損ねる。（トルコ）

このようにして、イスラム社会において毎日のように発生する私の疑問や煩悶は、格言において少しずつ光を当てられる面があったのである。

第二章　戦争

「一夜の無政府主義より
数百年にわたる圧政の方がましだ」

おそらく我々日本人にとって、もっとも不安な点は、アラブ諸国の土地に住む人たちが、近代国家としての意識を日本人と同じように持っているかどうかである。もちろんオリンピックやサッカーなどの大きな試合の時には、彼らは一つの旗、つまり国旗のもとに力を結束する。しかし、我々と同じような国家の概念で統一されているわけではないと思われる。

私流にその理由を述べれば、彼らにとって大切なのは、部族の概念なのである。同じように乾いた土地に発生した一神教であるキリスト教の新約聖書が側面から、その答えを出してくれている。『マタイによる福音書』(五章四三〜四四節)には次のような個所がある。

「あなたがたも聞いているとおり、『隣人《りんじん》を愛し、敵を憎め』と命じられている。しかし、わたしは言っておく。敵を愛し、自分を迫害する者のために祈りなさい」

この隣人というのは、ヘブライ語では「レア」という語が当てられているようである。レアは単なる隣に住む人でもなければ、会社で隣席に座る人でもない。厳密に同部族、同宗教に属する人々のことである。同部族、同宗教以外とは通婚もせず、対立するのは当然と思われている社会にあって、イエスは敵を愛し迫害する者のために祈れと言ったのである。これほどの価値の破壊と混乱をもたらした張本人は、磔《はりつけ》の刑にでもしなければ到底収まらなかったであろう。

現代においてもなぜこの部族対立が続くかというと、これも私の実感にすぎないのだが、こうした心理の育つ土地には、今でも電気がないのである。もっとも「電気がない」と言っても、全くないのではない場合をも含む。首都は電気の光で明るくても、少し田舎に行けば、電気を引いていない、或いは引けない地域や家がたくさんあることも、電気がないことだ。或いは電気が引かれていても、その電気の質が悪くて、絶えず電圧が一定せず、光が暗くなって切れそうになるかと思うとまた点くなどという場合もある。また、電力の容量が足りなくて、トースターをつけただけで電気が切れたり、町の東半分と西半分が交互に停電したりする都市もある。こうした都市も厳密には「電気のある町」とは言えない。このような意味で電気がない土地には、ほとんど例外なく民主主義が定着しない。民主主義を育てたのは電力である。それならば、電力の恩恵を受けない土地では、どのような支配体制が行なわれているかというと、族長支配なのである。

アメリカ人の九十九パーセントも日本人の多くもそうした族長支配の体制を、「遅れている」とか「封建制度の悪習」とかみるようだが、民主的な選挙をしようにも、電気もなく、通信手段もなく、テレビもなく、交通手段も原始的なままとすれば、形ばかりは民主的投票のシステムを採用したとしても、充分にそして安全に機能しないから、現実の政治は、依然として封建的族長政治の形態を取り続けるより仕方がないのである。そのことを我々は理解しなければならないし、非難してはならないと思う。ここに述べられる多くの格言は、まさに民主的社会形態こそ最上のものと勝手に考える先進国型の思考との落差を浮き立たせるものだ。

アメリカも正しい。しかしアラブも正しいのである。相対する立場の二者が共に正しいことがあり得る、ということは、すでに聖書が『マタイによる福音書』(二十章一〜

十六節）の「ぶどう園の労働者」という物語の中でとりあげているところである。だから彼らは政治について、さめた現実的な目でその効力を見極めようとする。

＊一夜の無政府主義より数百年にわたる圧政の方がましだ。（アラブ）

＊スルタンは留守の時に呪われる。（エジプト）

＊天使に支配されるよりは、悪魔を支配する方がいい。（マルタ）

アメリカは「解放」を最上の美徳の一つとするが、彼らはそのようなものに何の魅力も感じていない。部族の支配とはむしろ解放の不安から守ってくれるものなのである。支配者がいないということは、真空と同じ恐ろしい空間になる。

＊スルタンはいつも正しい人だということになっている。（レバノン）

＊鼠の正義よりも猫の暴政の方がましだ。（レバノン）

しかし見極めても納得しているわけではない。人間は納得しない現実を受け入れる時、わき上がる心理の暴力的な波をどこかで噴出させてやらねば病気になってしまう。長い部族政治の生活の中で、彼らは実に賢くその方途を発見したのである。

＊役人が現れたら、顔に唾を吐きかけてやれ。（ムーア）

＊従順なふりをして騙せ。誰を？　警察をさ。（マルタ）

＊人間を統率するより、牛の群を飼った方が楽だね。（アラブ）

そうした行動形態が明らかになった後に、その正当性を補強しようとする操作が行なわれたふしがある。

＊策略（政治、政治学、政権、駆け引き）には信仰はない。（レバノン）

＊首長が死ぬと、同盟関係も死ぬ。（アラブ）

＊尊敬は、富に与えられるが、人に与えられるのではない。（アラブ）

＊パンがなければ力もない。（トルコ）

＊人に食べ物をやる時は、満足するまでやれ。殴る時は、徹底的に殴れ。（アラブ）

イラクの人々も、これらすべての生き方を身につけているだろう。「澄んだ眼をしている」子供たちまで。これも生きる知恵の一つだという確信がそこには感じられる。

アラブの男たちにとって、自分の武器によって部族と家族を守ることは、人間であることそのものである。自分で守らなければ、自分も家族の生存も不可能なのである。だから彼らは言う。

＊雄牛は自分の角で鼻を守る。（アラブ）

田舎で暮らす男たちのほとんどは、必ず腰に短刀を帯びている。短刀は決して人を攻撃するためだけのものではない。むしろ人間の生存にとって必需品である。彼らはそれで木や綱を切り、食料を採取し、布を裂き、家畜を屠《ほふ》る。日本のように、一人の少年が短刀でクラスメートを殺したから、学校の生徒全員から刃物をとりあげるなどという発想は世界で通用しない。むしろアラブの親たちは、刃物（武器）を自制とともに使うことを教えるのである。だから次のような警告も生まれてくる。

＊弱いやつの武器に気をつけろ。（中世アラブ）

戦う以上、敵が勝つか自分が勝つかを判断する能力は不可欠のものだ。しかしたとえ自分の方が弱者だとわかっても、まだ打つべき手は残っている。

＊噛みつけない手には接吻しておいて、後で骨が折れるのを祈れ。（アラブ）

＊金持ちが蛇を食べると、人々は「なんて賢い」と言う。貧乏人が蛇を食べると「馬鹿なやつだ」と言う。（アラブ）

＊川を渡り終わるまでは、ロバにだって旦那様と言うものだ。（ムーア）

どの社会にも、弱者をいたわるという理想、思想、やむをえぬ現実性は存在するのだが、先進国においてはしばしば弱者が強者となる瞬間がある。そのような事象はアラブにおいてはあまり見られない。強者の側から見ても弱者の側から見ても、各々その立場は歴然として安定したものである。

しかし一方において、少なくとも日本社会には見られない血の通った人間関係がある。それは彼らが「慈悲」と呼ぶものである。慈悲はイスラムにとっては、五つの義務、アッラーのほかに神はなしという信仰の告白（シャハーダ）、礼拝（サラート）、巡礼（ハッジ）、喜捨（ザカート）、断食（サウム）のうちの人間的な部分をつかさどる中心的信条である。もちろんすべての人が、心から慈悲深くあることはないだろう。しかし、慈悲が「喜捨」という社会的習慣として定着していることに私は驚いたことが度々ある。

クウェートにいた時のことであった。その日はイスラムの祭りの日で、貧しい家の人々が喜捨をもらいに歩く日でもあった。

私は近代的な内装を持つオフィスビルにいたが、社長のクウェート人は、カフィーヤと呼ばれる頭巾をつけ、ワイシャツの裾を長くしたような民族服を着ていた。

その時、入り口のガラス戸をあけて、黒いベールで半分ほど顔を隠した婦人がおずおずと入ってきて手をさし出したのである。明らかに心付け《バクシーシ》をもらうためであった。民族服の社長は立って行って、いくばくかの金を彼女に渡した。それで慎みに欠ける私は「彼女にいくらおやりになったのですか」と尋ねたのである。

その時私が日本円に換算したところでは、喜捨の額は五十円程度であった。しかし私が驚いたのは、金を恵んでもらいに来た婦人が手首に金の腕輪をつけていたことであった。その頃の私はまだ、金の装飾品が、郵便局や銀行の代わりにベドウィン（遊牧民）たちの貯金の方法となっていることを、はっきりと認識していなかったのである。

基本的には彼女たちはベドウィンだから定住文化の発想を持たない。近くに金融機関があって、必要な時に預金を入れたり出したりすればいいというものではないのである。そこで彼女たちは町へ出た時に、額に応じた金製品を買い込む。それを鼻や耳や首や手首や足首につけて、そして時に応じて——夫や母親や子供が病気になった時などに——市場《スーク》の金屋に持って行って売るのである。だからベドウィンの婦人が金の腕輪の一本や二本腕につけているのは当然のことだったのである。

私はそのオフィスに一時間近くいた。すると、もう一人婦人が喜捨をもらいに現れた。今回も社長は立って行ってその婦人にも金を渡した。

私は訪ねてくる婦人たちの経済状況を、腕輪の数でみるという、もっとも初歩的な判断の方法だけ使えたので、二人目に来訪した婦人が、前の人の数倍の本数の金の腕輪をはめていることを、めざとく見て取っていた。私は再び社長に尋ねた。

「今度の方にはいくらおやりになったのですか」

「五百円です」

と社長は答えた。十倍の額である。私は日本的驚きを隠しながら社長に言った。

「前の人の方が貧しいように見えましたが、貧しい人にたくさんおやりになるんではないんですか」

社長は答えた。

「人間には皆分相応ということがあります。富んだ暮らしをしている者にはたくさん与えねばなりません」

それがアラブの知恵というもので、貧しい人に恵むと言っても「過度の寛大は愚かさと同じ」ということをこの社長は知っていたのである。

アラブ諸国に対する支援、補償などを行なう時に、これらの人間的判断と慈悲の美学は、果たして日本人に考慮されているのだろうか。

人間関係で日常的にもっとも浮き上がって見えるのは、友情と対立である。

＊ハヤブサが鳴くと、他の鳥はさえずらない。（アラブ）

＊乳搾《しぼ》りはミルクをもたらし、圧政は血をもたらす。（モロッコ）

これも又予言的格言だ。乾燥した土地に部族対立を繰り返しながら住む人々は、戦いを食事と同じような日常性の中で捉え、習慣のようにその状態に慣れ、専門家のようにその本質に強くなっていった。彼らの戦いに対する精神の強靭さと判断の明快さは日本人にとって驚くべきものである。

＊千匹の犬がおまえのために吠える方が、一匹がおまえに向かって吠えるよりましだ。（アラブ）

＊千人の友達はほとんどいない。一人の敵ならどこにでもいる。（アルジェリア）

＊もしも本当に敵を悩ませたいと思うなら、何も言わずに彼を一人にしておけ。

（アラブ）

アメリカも国連もこの格言に従う方法があったのではないか。

＊（頭のバカな）ロバが医者になることはないのだから、敵が友になることもない。

（中世アラブ）

戦いをおこす原動力はいくつかあるが、そのもっとも普遍的なものは復讐である。世に正義の戦いを口にする人が多いが、私のみるところ、正義のためなどに人はなかなか動くものではない。しかし、自分の家族、部族、財産、権利あるいは恥の感覚などに対して加えられた暴力を人は決して忘れることはない。そしてその傷から立ち直る唯一の方法は、復讐を実行することなのである。

紀元前十八世紀に制定されたといわれるハムラビ法典が「目には目を、歯には歯を」

と記載したというので、我々はこの復讐が法として定着したことを知っている。ハムラビ法典で規制されていることはしかし、非常に進歩した人間感情の処理法であったと言えるだろう。「目には目を、歯には歯を」は、決して復讐を勧めたり、拡大させたりするものではなく、むしろ受けた傷と同じ量だけ厳密に返すようにという「同害復讐法《レックス・タリオニス》」を明記したものであった。つまり目を一つ潰された男が、怒りに任せて相手の両目を潰すことがないように、一つの耳を切り落とされた男が、相手の両耳をそがないように規制したのである。

もっともこのことによって人間は、金銭による補償行為というものを、発明したようである。イエスの時代には、すでに喧嘩のもっとも基本的な行為である殴り合いに関しては賠償の額が明記されている。すなわち、平手打ちをした男が復讐として自分が殴られるのを避けたいと思ったなら、その賠償として二百ズズを払い、手の甲で打った男が、同じ仕打ちをされたくなかったら四百ズズを払えと『ミシュナ』（ユダヤ教のラビたちが口伝《くでん》として伝えていた律法の実践編を二世紀に成文化した書物）は書いている。手の甲打ちに平手打ちの倍額の値段が付いているのは、手の甲で相手を打つということは、

精神的な侮蔑を示すということになっていたからである。『マタイによる福音書』の五章三九節に、

「だれかがあなたの右の頰を打つなら、左の頰をも向けなさい」

とあるのは、満座の中で侮辱されてもなお復讐を拒否したものであり、当時の社会通念としては考えられないものであった。

アラブ人たちは復讐について次のように考えているのである。

＊復讐は恥を消す。（アラブ）

＊復讐をしないやつはロバ（馬鹿なもの）の甥。（スーダン）

＊俺の壺を一個割ったら、百個割り返してやる。（アラブ）

＊犬の血の値段は、犬一匹だ。（レバノン）

＊一人のアラブ人の正義より一人のトルコ人の圧政の方がましだ。（アラブ）

＊復讐をするのは恥ではない。（レバノン）

ただし彼らはこうも言っている。

＊復讐はありきたり。慈悲は稀有なもの。（アラブ）

しかし復讐は徹底的に完了しなければ意味がない。

＊蛇を殺す時には、頭をこなごなにしたことを確かめろ。（イラク）

これは現実に蛇を扱ったことのある人でなければ言えない言葉だ。たとえどのような結末になろうと、戦争は顔をしかめ、深刻に受け止めるべきものではなく、常に人生で襲って来る変化の一つの様相として在ると見ていいのだろうか。格言は戦争について、次のようにいう。

＊戦争の時に私を訪ねて来ないようなやつは、そうでない時にも歓迎されないぞ。（アラブ）

＊遠い（戦いの）太鼓は甘い音楽。（トルコ）

というのは、耳の痛い言葉だ。テレビによるライブの中継が可能になってから、私たちは戦争を野球と同じように「観戦」するようになった。

＊臆病者と言われたくないやつが戦争をする。（オマーン）

＊戦わないやつが戦争を奨励する。（オマーン）

ここには、安易な人道主義に全く冒されていない現実が語られている。しかし彼らは彼らなりに、客観的で技術的な知恵を蓄えている。

＊（危険を避けるために）全部の卵を一つのバスケットに入れるな。（レバノン）

＊喧嘩には、きっかけの火花がいるだけだ。（アラブ）

＊死ぬ予感は、死そのものより悪い。（アラブ）

第三章　運命

「世界は二人の人間に属した。
殺された男と、彼を殺した男と」

かつて私はシナイの砂漠で非常に興味ある場に居合わせたことがある。

私たちの旅行のグループの過半数はシナイ山（モーゼが神から十戒を与えられたと言われる山）に登ったが、同行の車椅子の人たちや高齢者は登山ができない。それで私はその人たちなりに知識と体験を増やすことを楽しんでもらうために、荒野の一隅で羊を屠るという作業を見せてもらったのである。

羊を屠殺するのは、特別な技術を持つ人の仕事である。シナイでは、まず羊に水を飲ませ、それから羊の前脚と後ろ脚をもって仰向けにし、静動脈を一挙に切った。私たちが庭に水まきをする時に、ホースの口から水がでるような音と共に鮮血が噴き出し、ほんの数秒で羊は意識を失った。ほとんど苦しませていないのである。その屠殺の技術が、あまりに鮮やかだったので、そこにいた日本人は全員が殺された羊をシチューにして食べるということに拒否反応を示さなかった。これは私が今でも忘れられないことである。

この情景は、次のような格言の中にすでに描かれていた。

＊すべての羊は（肉になれば）自分の脚で吊される。（トルコ）

その時、助手としてついてきていた数人のアラブ人の少年がいた。ミドルティーンかハイティーンという年齢である。私たちのグループの方にも何人かの若い女性がいた。その両グループは普通なら地理的にも相会うことがないであろうし、言語的にも会話が不可能であった。しかしそこには、英語もアラビア語も堪能な優秀なガイドがいたので、若者たちの間で貴重な質疑応答が交わされたのである。

日本の若い女性たちは言った。

「ねぇ、あなたたち退屈じゃないの？　こんなに何にもないところにいて。映画館も喫茶店もディスコもないのに」

サンダルを履いた足の甲を羊の血で染めた少年は答えた。羊の血は不気味なものではなく祝福の印と考えられている。

「退屈はしない。ここには先祖以来、我々が伝えてきたすべてのものがある。だから完全だ」

私はお腹の中でくすくす笑いたい思いで聞いていた。私をも含めた日本人がすぐ盛り場に出かけたり、旅行したりするのは、違った場所に行けば違ったものがあるからなのである。しかし、この荒野では、一時間歩いても二時間歩いても同じ荒野なのだ。光景も違わず、珍しいものもなければ、人間はなんで遠くまで歩いていくものか。テレビや本や違った体験が人間に知識を与えるのも本当だが、ただ血縁と家畜と何もない荒野の広がる静寂が、少年たちに多くのことを教えることも事実なのである。

＊**神が貧しい人を幸福にしようと思ったなら、彼のロバを行方不明にして、それからまた見つけ出すようにしてやればいいのだ。**（トルコ）

何という正確で慎ましい幸福の発見法だろう。幸福というものは、常に小さなものだ。

当人が大きく感じる幸福でも、客観的に見ればささやかな仕合わせである。しかしその幸福でさえ時には、

＊幸福は逃げる。（アラブ）

そこで問題になるのは人間の存在だ。

＊人間を信頼するのは、水を濾《こ》し器に入れるようなものだ。（アラブ）

つまり愚かしい行為ということだろう。

＊丸く生まれた男は、四角くは死なない。（マルタ）

＊おまえが何かを期待している相手は、おまえの何かを当てにしているのだ。（アラブ）

＊世界は二人の人間に属した。殺された男と、彼を殺した男と。（レバノン）

これも痛烈な認識である。あまりに正確なので、反論の言葉もないくらいだ。

＊天に向かって唾すると口髭にかかり、地面に向かって唾を吐くと顎髭にかかる。（アラブ）

上に向かっても口髭が邪魔でものが言えず、下に向かっても顎髭が邪魔で口をきけない男もいるのである。

＊犬を洗え。もっと汚くなるだろう。（レバノン）

犬に服を着せて抱いて歩く日本人の愛犬家は、これは間違いだと言うだろう。しかし地べたに寝そべるような自然な生き方をしている犬にとっては、この格言はきわめて現実的である。

荒野に住む人々は、学校も図書館も見たことがない。テレビもラジオもない。しかし、学ばないこと、無知であることは、よくないことだと知っている。

＊無知は不治の病である。（サウジアラビア）

＊空っぽの袋はまっすぐに立たない。（トルコ）

＊知的な聾唖者は、口のきける無学な者よりましだ。（レバノン）

ただし知識のみが人間を優秀にするのではないことも自覚している。

＊山にいる山羊《やぎ》の方が町にいる哲学者よりいい。（レバノン）

＊なつめやしを尊敬しなさい。おまえのおばさんだから。（アラブ）

なつめやしがなぜおばさんなのか、と聞かれたことがあるが、なつめやしの生える土地を旅したことのある者は、それがおばさんのように堂々と、頼もしげに葉をひろげ、豊かな実をつけることで人々を空腹から救うことが、実感としてわかるのである。

私はほんの数晩だが、ベドウィンのテントに泊まったことがある。そのうちの一日は、午後激しい砂嵐に見舞われた。テントは本来は黒山羊の皮で作ると私は教えられて来たが、ラクダの毛を編んだものが使われているのもある。最近は、味気ない軍用テントも混じるようになった。

まず砂嵐の数時間前から、気温の異常な上昇が見られた。まだ風も吹かないうちから気温がその日は摂氏六十二度近くまで上ったのである。その時私はまだ近代的な冷房の効いたホテルの部屋の中でワープロを使って原稿を書いていた。しかし、突然、一つのキーだけが動かなくなった。私はその原因を、旅の間中ワープロを入れておいた鞄の荷運び人が手荒な扱いで投げ出したりしたからだろうと思っていたが、東京に帰ってから修理に出して、機械には微細な砂粒が入って動かなくなっていたことがわかった。

　実際に眼も開けていられないほどの砂嵐が来たのは、それから一、二時間後のことだが、まさにハイテク機器を使った近代戦には、砂嵐はもっとも大きな敵であることを体験したのである。

　ベドウィンのテントの中では、電気がないからワープロもパソコンも使うことはなかった。ただし、疲れ果てたグループの男性が、男女混みの巨大なテントの中にしつらえられたマットレスの上に早々と寝ている姿を見るのは面白かった。彼の着ているウィンドブレーカーの色が数分のうちに砂で覆われて何色かわからなくなったのである。ちなみに、なぜそのような高温の中でウィンドブレーカーを着るのかという疑問に対しては、あらためて書くまでもない。格言が答えてくれている。

＊寒さを防ぐ衣服は、暑さをも防ぐ。（アラブ）

私が初めてこのことを知ったのは、気温五十度を越すシリアのダマスカスで、婦人たちがオーバーコートとしか言いようのないメルトンのコートを着ているのを見た時である。理由は簡単だ。もし彼女たちが我々の夏姿のように腕をむき出しにしたTシャツでも着ようものなら、彼女たちは五十度六十度の熱風にさらされる。しかししっかり着こんでいれば、衣服の中は体温と同じ三十六度前後に保っていられるのである。

子供部屋などというものもない生活は、そこに暮らすだけで、人生に関する学問ができる。孤立した生活の中でも、父母、伯父・叔父たち、従兄弟《いとこ》たち、彼らを訪ねてくる客たちなどから、哲学も知識も生活の実態も学ぶ。十キロ離れた土地にさえ行ったことのない少年でも、そうした人々の話を聞けば、全世界は一望できるというものである。

＊世界は鍋。人間はお玉（杓子）。（トルコ）

世界というるつぼの中に突っ込まれて、人間は人生のほんの少量をすくい上げる。希望と絶望のないまぜのなかで、どうやって人は生きたらいいのだろう。

＊過ぎたことは夢。来るものは希望。（アラブ）

＊人生はいかがわしい見世物だ。（アラブ）

過去と未来の意味は、或る程度冷静に位置づけられても、現在の意味を過不足なく見ることはむずかしい。アラブ人たちもどこか「現在」を避けたがっているように見える。しかし、こうした言葉を一度でも聞いた荒野の少年たちは、少なくとも一度も聞かされない日本の少年たちより思慮深くなるだろう。

＊運命がやって来ると、目は盲目になる。（アラブ）

＊死んでないやつには、まだチャンスがある。（レバノン）

だから荒野には確実に信じられる希望がまだ残っているのだ。灼熱の昼の暑さと厳しい夜の寒さ。それに耐えて生きる男には、教訓がたくさんある。

＊心は戦場で表れ、頭は路上でのみ表れる。（アラブ）

戦場は決意の場、路上は商いや交易の場なのであろう。

＊女は質問し、男が答える。（ムーア）

＊雄のラクダは絹も毛も提供しない。（ムーア）

＊最悪の人間は、一人で食べ、助けを断り、奴隷をぶつ奴だ。（アラブ）

＊自分の病気を隠すやつは、その病によって殺される。（アラブ）

このような見栄は、しばしば政治家の世界に今でも見られることである。

＊すべての人間の狂気は、一人一人違っている。（レバノン）

＊一人の強い男より、二人の弱い男の方が、よい結果を摑《つか》む。（アラブ）

＊人にではなく犬に親切にしろ。（レバノン）

テントの住まいに近づいてくる客の中には、犬に優しい人がいる。そのような人物に対して、少年もまた好意を抱いたことがあるのかもしれない。

＊悔い改めは役に立たない。（オマーン）

＊一人でいる時が一番安全だ。（アラブ）

＊小さな小屋に一人で住む方が、他の人々と宮殿に住むよりいい。（マルタ）

＊真実を語るなら、我々のそばにテントを張るな。（チュニジア）

＊おまえと他人の噂話をするやつは、おまえのことを噂するだろう。（アルジェリア）

＊災難（悪）から遠ざかって楽しく暮らせ。（アラブ）

これが彼らの知恵なのである。

＊星に見られるのは、人間の眼に見られるよりいい。（アラブ）

＊孤独は思考の巣。（クルド）

人々は、人間の分際をよく知っていたのである。

＊どんな学者も間違える。どんな純血種《サラブレッド》の馬もつまずく。（アラブ）

＊矢も早く飛んでくるが、復讐はもっと早く、一番早いのは後悔だ。（ペルシャ）

＊一人で食べ、一人で咳をしろ。（アラブ）

＊あらゆる世代は、先任者を呪う。（アラブ）

父や叔父たちの雑談の中には愚か者に対する批判が始終でてくる。彼らに反面教師などという言葉があるのかどうか私にはわからない。しかし、愚か者の話は、確かに知恵をさずけてくれる。

***馬鹿頭は無駄足ばかりする。**（アラブ）

***やつは葡萄《ぶどう》搾り器を買うために、葡萄畑を売ったんだぞ。**（アラブ）

***息子を探していたら、肩の上にいたんだよ。**（アラブ）

***下水管から逃げても、溝の中にいる。**（シリア）

***落書された壁は、馬鹿のノートブック。**（レバノン）

このような愚か者を笑う話には、優しさや楽しさがある。雨の降らない砂漠では、会話の中の潤いである。そして愚か者の周辺には、必ず冷めた男もいるのだ。

＊「敵はおまえを好きなんだぞ」「どうして？　そいつは馬鹿か」（レバノン）

＊二人の目の前で髭を切ってはいけない。一人は短いと言い、もう一人は長いと言うから。（レバノン）

男たちがもっと真剣に耐えたり用心したりしなければならないことも多い。

＊千人の人に忠告を求めるがいい。後の千人の忠告は無視するのだ。それで自分自身の考えにもどれる。（レバノン）

＊人の額に書かれた運命の文字は、どんな水でも洗い流せない。（モロッコ）

＊どこで取れた麦でも、必ず粉挽き場に運ばれる。（アラブ）

だから自分だけが人間の運命を免れようなどと思うのは、思い上がりだ。しかし人間は意外と平等なのである。

＊恐怖は痛みを追い払う。（シリア）

厳しい生活の中では、嘘も嘘つきも重要な存在だ。もし嘘もなく嘘つきもいなかったなら、世界は身動きのとれないものになるだろう。嘘は深刻な大まじめな顔をしてつかなければならない。しかし、嘘は時にはよい香りを放ち、時には微笑を誘う。

＊言葉は必要だ。嘘はそれに装飾を添える。（ペルシャ）

＊嘘は翼。（アフガニスタン）

＊自分のついた嘘でも、市場の向こうで聞くと信じられる。（トルコ）

＊嘘つきの母は処女。（中世アラブ）
＊真実は築き、嘘は破壊する。（アラブ）
＊有能な嘘つきは記憶がいい。（アラブ）
＊嘘で昼飯は食べられるが、同じように夕飯にはありつけない。（イエメン）
＊きちんとした嘘の方が、水っぽい真実よりましだ。（レバノン）

もし図に乗って私も一つ偽物のアラブ式格言を作れば、「嘘と真実は双子のきょうだい」ということになるだろうか。

年長者たちはまた、気違いについても語った。彼らのいう「気違い」を理解するのは

難しい。なぜなら年長者たちは、

＊この世では、気違いの方がまともなやつより数が多いものだ。（マルタ）

と笑うからだ。だから気違いがまとも、ということにもなる。

＊尊敬を得たかったら、気違いのように振る舞え。（モロッコ）

と彼らは少年に教える。

気違いとともに泥棒も一つの才能を持った人たちである。

＊泥棒はけちんぼに打ち勝つ。（ムーア）

多くの人々はけちんぼの支配者のもとにいたのであろう。その支配者から盗む泥棒は、貧しい人々に喝采をもって迎えられたに違いない。

＊縫い針を盗む男は、雌牛だって盗む。（アラブ）

＊愛するなら（暑い太陽をではなく）月を愛し、盗むなら（もっとも役に立つ）ラクダを盗め。（エジプト）

少年の心に常に強い関心として存在するのは、女性と死だ。娘たちは美しく神秘的で貧しい。

＊娘たちは叔母に似ている。（イエメン）

この格言は私の大好きなものだ。なぜか短篇小説を書きたくなるほど優しく悲しい。

＊女はベールと墓以外何も持っていない。（サウジアラビア）

このような簡素な表現に出合う時も、私は涙ぐみそうになる。女性の地位を確立することは大切だ。荒野に咲き、散った小さな野生の花はやはりいとしいものだったのである。ただ浮世の習慣は青年たちを締め上げる。

＊父親の家で娘にキスをするのは習慣だが、おまえの家で彼女にキスをするのは犯罪だ。（クルド）

と脅かされる。そして、いつの日か自分も娘を愛するであろう。

＊愛とともに差し出された玉葱《たまねぎ》は、羊と同価値。（エジプト）

サハラ砂漠を縦断した時、最後の村で買ったトマトは三日目に捨てなければならなかった。青いまましなびて赤くもならなかったのである。しかし玉葱は旅の最後まで二週間以上保った。玉葱以外の野菜は、砂漠の暮しにはなかった。一般に、玉葱がなければ羊肉の料理もうまくならないのだから、この表現は実感をもって受け取られるだろう。

ただし、愛した少女との結婚も、

＊七秒の恋、七分の幻想、生涯の残りは悲惨。（アラブ）

＊愛と盲目は仲間である。（アラブ）

＊愛は欠点を隠す。（シリア）

と年長者たちは口ひげをひねりながらしたり顔である。
時々、村に葬式があると、誰もが死を考える。人々は急いで死者を埋める。

*墓場に行く途中でさえも、たくさんの邪魔が入るものだ。（レバノン）

*死はすべての欠点を隠す。（イラク）

*死んだ人を見ると、生きていることがありがたい。（チュニジア）

*誰も自殺をしたやつを悼まない。（スーダン）

*象が死ぬと骨は土産物になる。（イラク）

*蟻に羽が生えると死が近い。（アラブ）

葬式の時には誰でも人生を考え、死者の生涯を左右した大きな力は運なのだと思う。

＊幸運は持っている人間には来るが、探している人間には来ない。（アラブ）

＊幸運な鳩は杭の上で卵を産む。運の悪いロバはライオンの上に小便をする。（レバノン）

＊幸運な男をナイル川に叩き込めば、彼は魚をくわえて浮かび上がってくる。（アラブ）

ただ、運よりも不運の方が数が多いと父や叔父たちは自然のうちに教えてくれる。

＊人生の不運は植物より数が多い。（アラブ）

＊不運は固形石鹸のようなものだ。初めは大きなかたまりだが、次第に小さくなる。（アラブ）

こうして少年たちは耐えることも学ぶのである。

第四章　知恵

「水を節約するようにと言われた途端に、
誰もが水を飲み始める」

とにかく人間は生き抜かなければならない。暑さも寒さも厳しく、総じて水も不足している土地で生き抜くということは、それほどたやすいことではない。神も政府も生を保証してはいないのだ。

そこで人々は死なない方法を考える。自然も人間をとり殺すが、何より恐ろしい敵は人間なのだから、相手を見抜く眼力を養わねばならない。

＊柔軟に曲がるものは折れない。（南レバノン）

＊鼻の大きい男は地位や名声を持っている。（レバノン）

＊片目の人たちの間では片目をつぶれ。（アラブ）

＊本当のことを言うやつは、首を切られる。（アラブ）

つまり譲れるものは、人生を楽にするためにできる限り譲り、時には嘘をつき続ける気力も要るのだ。

外的理由も人間をとり殺すが、内的心理も自分を破滅させようとすることを、彼らは知っている。戦いの相手の一人は確実に自分なのだ。

＊隣家のおかずは、いつもいい匂いがする。（マルタ）

＊妬《ねた》みはどう下ろしていいかわからない重荷だ。（中世アラブ）

＊食欲は最初の一口から始まり、喧嘩は最初の一言からおこる。（アラブ）

＊たくさん持ちすぎていることは、足りないのと同じだ。（アラブ）

＊水を節約するようにと言われた途端に、誰もが水を飲み始める。（アラブ）

＊もしも二人がうまくやっているように見えるなら、一人が耐えているのだ。（チュニジア）

＊ご飯を食べ損ねたら、「お腹は空いていない」と言い、ニュースを聞きもらしていたら「聞いてるよ」と言わなければならない。（チュニジア）

＊美しいものには傷がある。（チュニジア）

＊背の高い男はいちじくを食べ、背の低い男は（届かないので）悔しさで死ぬ。（レバノン）

＊葡萄の房に手が届かなかったやつは必ず言うのだ。「葡萄はすっぱいよ」（アラブ）

彼らの世界には、まだ平等とか公平とかいう虚偽的な美学は入り込んでいない。しかし不満は健康を損なうものとして彼らに認識されているようである。

＊健康な人にとっては毎日が結婚式。（トルコ）

＊論争のたびに、肝臓は血の一滴を失う。（ペルシャ）

＊私の健康は、私の耳飾りや足飾りや財産より貴重。（チュニジア）

＊寒さと貧困があらゆる病気を引き起こす。（アラブ）

＊神のみが医者。（アラブ）

＊神が病と治癒をつくった。（アラブ）

＊運命は医者を馬鹿にする。（アラブ）

＊忍耐が折れた骨を治す。（チュニジア）

＊すべての病人は残酷だ。（レバノン）

＊三つのものが寿命を長くする。大きな家、駿馬《しゅんめ》、従順な妻。（アラブ）

＊自然はどんな傷をも癒す。（ベドウィン）

＊眠りはスルタン（最上のもの）。（アラブ）

＊寒さ、飢え、恐怖があると眠れない。（シリア）

＊眠りはご馳走。（ペルシャ）

医療設備のない荒野で健康を損ねることは、私たちが考える以上に深刻な危機である。日本人は病気をどこかでなめているところがある。何しろ電話一本で救急車がやってきてくれて、必ず無料でどこかの医療機関へ運んでくれる。そこで少なくとも、痛みや化膿や血を止めるといった、必要な応急処置は取ってもらえる。

しかし、多くのアラブ人たちの住む土地に医療機関はない。救急車もただではない。救急車が倒れている男の家に来て、そこで患者の家族と輸送費用についての交渉を行なう土地は、地球上で決して珍らしくないのだ。救急車が待ってくれるのは、患者の家族が家の周辺を走り回って親戚や知人から金をかき集める時間だけだ。それが不調に終わると救急車は患者を残して立ち去るのが普通である。

私は多くの土地で、軽い手足の指の化膿さえ止められない人たちをたくさん見た。裸足で歩いて不潔にも孤独にも栄養不良にも重い荷を運ぶことにもすべてに強いようにみえる人々が、手足の指の化膿を止める方法がないことには、苦しんでいた。だから彼らなりの健康法も語り継がれている。

＊昼飯を食ったら横になり、夕飯を食べたら歩きなさい。（エジプト）

＊陽のなかで働き、陰で食べなさい。（オマーン）

これは暑い時刻に食事の時まで日に当たって体力を使うような愚かな行為をいましめるものだろう。

＊どこでも見つけた時に玉葱を食べなさい。（オマーン）

＊できるかぎり大蒜《にんにく》を食べなさい。（オマーン）

病気以外に生を脅かすものは、事故に遭うことである。それを避けるためには自ら用心すること、自分が生きるための手順はすべて自分で確認することが要求される。

＊自分で用意できないものは、誰にもできないのだ。（アラブ）

＊自分で考えろ。誰も脳味噌を貸してはくれない。（アラブ）

＊自分で張ったテントだけが倒れない。（アラブ）

善人であるからといって人が感動したり、神がそれを嘉《よみ》して生命を保証したりしてもくれない。

＊賢さは力に勝る。（オマーン）

＊狡《ずる》さのない男は、空のマッチ箱のようなものだ。（オマーン）

＊卑怯者は子供を育てるために生き残る。（スーダン）

＊狼が襲うと犬は隠れる。（レバノン）

＊人は四つのものを数えられない。自分の罪、自分の年、自分の借金、そして自分の敵。（ペルシャ）

＊もしも盲人に出会ったら、地面に投げ倒して弁当を盗むのだ。なぜならおまえは神よりは情け深くないのだから。（レバノン）

この世は悲しみの連続だが、

＊悲しみは生きている者のためで、死人のためではない。（トルコ）

＊孤児には悲しむことを教える必要はない。（アラブ）

少なくともアラブの人たちは、日本人と違って子供たちにも正面切って悲しむことを教えるのを当然としているのだろう。

第五章　人徳

「あなたには名誉を。私には利益を」

電気もなく、まばらな人間の営みと家畜しか見えない社会で、人々がある意味で内省的になるのは、当然かもしれない。日本では家にひきこもってテレビゲームをする子を、「社交嫌いで内省的だ」などと言っている親がいるが、あれこそは実体のない外界に心が遊んでいるだけである。

外界には必ず、暑さ寒さ、風や埃、有害無害な家畜や動物、そして何よりも個性豊かなどという言葉ではあらわしきれないほどの強烈な自我に満ちた人たちがいる。だから人々は自分の手柄と失敗、他人の有能さと無能さをじっくりと観察し記憶する。肉体的力も精神の強さも、ともに人間を生かすことを知っているし、その彼方に徳の輝きまでも見るのである。小さなことに幸福を見つけ、けばけばした豪華さが偽りのものであることを知る知恵もある。

考えと行動の結果は、実体験からしか学べない。格言はそれらを教えるというより、結果の集大成と読める。

＊嫉妬のないやつはロバ（馬鹿）。（レバノン）

＊判事になるやつは、ほとんど尊敬されない。（レバノン）

たぶん判事は金で買収できるのだろう。買収は悪事だと言って簡単に決めつける前に、我々は人間の弱さの表れの一つとして正視する必要もある。

＊幸福は一場の夢、悲しみは一年続く。（アラブ）

＊持っていなければ、なくすこともない。（アラブ）

＊考えることを知らないやつは、生きることも知らない。（アラブ）

＊他人を信じるな。自分も信じるな。（アラブ）

日本人は信じるという言葉を、無考えに美徳として使っていると私はかねがね思っている。信じるということは、疑うという操作を経た後の結果であるべきだ。疑いもせずに信じるということは、厳密に言うと行為として成り立たないし、手順を省いたという点で非難されるべきである。

私の経験からすると、多くの場合、疑った相手はいい人なのである。すると疑った人間（私）は恥じることになる。しかし疑わずに騙されて、相手を深く恨んだりなじったりするよりは、疑ったことを一人で恥じる方が始末が簡単なのである。しかも疑った相手がよい人であったとわかった時の幸福はまた、倍の強さで感じられる。

このアラブの格言の知恵は、他人を信じないという行為が、同時に自分を信じないというバランスと結びつくことである。他人を信じないという思い上がりが、自分を信じないという謙虚さを引き出すとすれば、これこそ人生の妙味というものだ。

日本でも私の父母の時代は、どこへ行くにも手みやげなしでは済まなかった。私の世代は、それにいささか反撥し、贈り物を持参することは、訪問の意義の次と考えるようになった。

しかし今でも中近東アフリカの諸地方では、贈り物は絶対に必要なものである。手みやげなしで村を訪ねるというのは、敵意か軽視かそのどちらかを持っていると思われても仕方がないかもしれない。品物の質や金額は大して問題ではないのだ。

私はしばしば、村長や土地の有力者に、慌てて自分の身につけている装飾品を贈って友好のしるしにしたことがある。どうせ鄙《ひな》びた土地へ行くのだからというので、身につけているのはおもちゃのような安物である。それでもアフリカでは、金メッキのイヤリングに対して、生きている鶏三羽をもらったこともある。モンゴルでは、素朴な銀の指輪で馬三頭と緞子《どんす》の蒙古式上着を贈られた。もっとも馬三頭は私がもらったことにして、そのまま飼い主のところにいるわけだが。

アラブの格言は、このような優しい習慣についてもふれている。

＊ロバの背いっぱいの贈り物を持って行ったら、ラクダの背いっぱいのお返しを受ける。（アラブ）

ただし贈り物には、常識もルールも裏もある。

＊一粒の豆でも贈り物は歓迎。（ムーア）

＊もしも神様があなたに何かをくれたら、受け取ることだ！（アラブ）

＊小さな贈り物は心から。大きな贈り物は財布から。（トルコ）

＊早く与えることは、二倍与えることだ。（トルコ）

＊あなたに何かくれる男がいたら、そいつはすでにおまえから何かをとっているのだ。
（マルタ）

＊子供がくれるものは、その子がもういらないものだ。（アラブ）

この世で邪悪な意図は、個人の周辺に蠢《うごめ》いている。

＊雄牛を信じちゃいけない。たとえやつの頭が竈《かまど》のなかで料理されている最中であろうとだ。（オマーン）

＊子供を養子にもらうな。警官を名付け親にするな。おまえの知っていることを女房に言うな。（マルタ）

＊おまえが望んでいることを隠せ。そうすれば成功する。（モロッコ）

つまり秘密は平和を保つ一つの鍵というわけだ。

もともと荒野は、恐ろしく遠くで語られる人の言葉を、信じがたいほど透明に伝えてくる。私は時々冗談に「なんとかしてその人に聞かせたいワルクチがあったら、砂漠で言うといいですよ」と言っている。

しかしその一面、黒山羊の皮やラクダの毛布でできたテントの内部では、ほんの数メートル離れても話が聞きにくい。これは不思議な現象であった。部族社会では、女の部屋は男たちの部屋と隔離されているし、男同士の話もテントの中では材質の毛が声を吸い取るのではないかと思えたほどである。いずれにせよ、彼らの限られた社会生活の中にあって秘密は大きな力を持っている。そしてその秘密についても彼らは経験を積み、失敗の苦悩をなめ、やがてその扱い方を知り、それを格言の形で子供たちに残しているのである。

＊秘密は誰かに喋ったが最後、皆に知られている。（アラブ）

＊秘密は鳩。手から離れた途端に翼を持つ。（イエメン）

＊ラクダに乗りながら彼は誰にも見られていないと思うのだ。（レバノン）

＊三つのものは隠せない。恋、妊娠、ラクダ乗り。（アラブ）

＊恥は家の中に隠せ。（アラブ）

アラブは力の世界である。力をあらわすことに彼らはいささかのためらいも疑念も持っていない。だから彼らは、自分が有能か無能かを検証するあらゆる視点を持っている。

＊岸に座っている男は、いつも上手な泳ぎ手である。（ムーア）

＊自分の背中の瘤《こぶ》を見たラクダはいない。（アラブ）

＊ドアを叩いても開けられなかったら、自分がどんな人間とみられているかを考えよ。（シリア）

＊医者に聞くな。経験者に聞け。（チュニジア）

＊何にでもすぐ泣くやつは、まもなく目を失う。（トルコ）

＊今日私に羊毛を下さい。明日羊を差し上げますから。（シリア）

＊同じ店から買うな。同じ道を歩くな。（マルタ）

右の格言は、日本ではむしろ反対に考えられている。私たちは同じ店から買えば、上等の顧客とみなされ、質の悪いものも寄こさないし、値段についても勉強してくれると思うのである。しかしアラブ社会では違うのだ。同じ客が何度でも来れば、こいつにとって自分の店の商品は必要なものだと思うので、値段は決して下げない。時には傷ものも混ぜて売るということになるのである。

＊敵には一度、友には何度でも注意しろ。（パレスチナ）

という格言が生まれるのはその結果である。

格言というものは、土地の生活や人々の生き様をさりげなくみせてくれるという点で知識的にも役に立つし、絵画のような楽しみをも与えてくれるものである。

＊どうして蚤《のみ》を退治しようとして、毛布を燃すのだ。（トルコ）

＊千羽のカラスをどかすには、一つの石で十分。（トルコ）

＊あなたには名誉を。私には利益を。（クルド）

＊チャンスは雲のように過ぎてゆく。（シリア）

＊一つのドアが閉まると、百のドアが開く。（アラブ）

＊尊敬は服装の良し悪しで決まる。（アラブ）

＊吠えない犬に気をつけろ。（アラブ）

何度も述べることだが、荒野ではとにかく、自分の力で生き抜くほかはない。力不足を嘆くことも多い毎日であろう。彼らは作家以上に簡潔に人生を格言の中で描く。光景が目に見えるようである。時には生活苦、時には戦争の結果として名文句が生まれる。

*井戸は深く、綱は短い。（アラブ）

*お辞儀をした首は切られない。（トルコ）

これは謙遜が腕力と同様に身を守ることがあることを示している。

*生きているロバの方が死んだ哲学者より役に立つ。（レバノン）

*包囲された町は、結果的には陥落する。（オマーン）

*隣人に弱みを打ち明ければ、斧《おの》でばっさりやられる。（アラブ）

*他人の家では思っていることをしゃべらず、ドアを開けず、質問をするな。（マルタ）

肉体的力を支えるのは、精神力である。自制、知識、他人の話を聞く姿勢などについて、彼らは実に多くの格言を残した。

＊いつまでもしゃっきりした頭は、寛大な心のあらわれ。（ベドウィン）

＊誰も十分な知識を持っていない。（アラブ）

＊賢い人はいつも穏やかだ。（アラブ）

＊賢い人は見たことを話し、愚か者は聞いたことを話す。（アラブ）

＊俺の話を聞けよ、しかし信じるな。（アラブ）

これだけ知恵と表現の豊かな人が身の廻りに一人でもいたら、どんなに楽しいことだろう。それともこれは噂話に深く関与した責任をとられないための根回しなのだろうか。

＊賢い人の推測は、馬鹿の保証より真実。（アラブ）

＊やつは四つ耳のロバよ！（アラブ）

というのは、馬鹿な男を指す時の表現だという。四つもの耳で聞いても、頭が悪いと何の効果も生み出さないからだ。

＊勇敢は十点、戦略は九点。（トルコ）

＊喋るより聞く方がもっと知的だ。（トルコ）

＊行動を起こす前に、退路を考えろ。（アラブ）

＊誰かに追い払われるようなところに座ってはいけない。（アラブ）

長寿社会になると、日本にもこの格言を捧げねばならぬ人が続出する。私も用心することにしようと自戒する。

＊自分が水を汲んでいる井戸に石を放るものではない。（サウジアラビア）

私はしばしば荒野で、一人で羊を追っているか座っている男たちを見た。彼らの特徴は沈黙であった。沈黙は喋る内容がない場合もひきおこされるが、アラブは沈黙の結果と効用を明記している。

＊沈黙の果実は平静。（アラブ）

＊心にとっての最上の薬は沈黙。（アラブ）

＊沈黙しているだけで十分だ。（シリア）

彼らが徳として感じるものは、実用的なものからきわめて内省的なものまで、豊かである。

＊賢い人は立ち止まり、馬鹿は流れを横切る。（トルコ）

＊急ぐと後悔し、熟慮は安心をもたらす。（チュニジア）

＊寛大はすべての欠点を隠す。（アラブ）

＊もしもあなたがたくさん持っていたら富を与えなさい。あまり持っていなかったら心を与えなさい。（アラブ）

*謙遜は人類の王冠。（中世アラブ）

*心の高潔な人の手は秤《はかり》になる。（シリア）

*高貴なる人は、肉体労働も平気だ。（アルジェリア）

日本社会で、ことに指導者だった人たちに贈る言葉としてはまことに適切と言わねばならない。

*忍耐に忍耐を重ねて墓場まで。（アラブ）

*体をゆがめて座ってもいいが、率直に話せ。（アラブ）

*私を愛した人は私に宮殿を建ててくれなかった。私を憎んだ人は私の墓を掘らなかっ

た。（モロッコ）

＊善人は舌の上に心を乗せて運ぶ。慎重な人は心のなかに舌を入れて運ぶ。（トルコ）

＊ピンを作れる人は針も作ってくれる。（アラブ）

しかし徳の話は、ともすればうわずったものになる。彼らはその危険性を皮肉で補う術《すべ》にも長けている。

＊判事の下男が死ぬと誰もが葬式に行く。判事が死んでも誰も葬儀に列席しない。（モロッコ）

＊肉が高い時は、がまんすれば安くすむ。（アラブ）

＊もしも見ているだけで技量が身につくなら、どの犬も肉屋になれる。（トルコ）

私はこうした生活の中に光っている小さな幸福や、誰でもが陥りそうなけばけばしい見栄の話が好きである。

＊夜の引明けに飲む一杯のお茶は、野にある数百匹の（富の象徴である）ラクダに勝る。（チュニジア）

＊正義はよいものだ。しかしだれも家庭ではそれを望まない。（マルタ）

＊世界は、最後まで耐えている人の側につく。（アラブ）

けばけばしい見栄は、すぐばれるが、生活に元気を与えるのである。

＊禿げた女性は自分のいとこの髪を自慢する。（レバノン）

＊「俺のパンはおまえのより大きい」と言われたら「少しくれ」と言えばいい。（レバノン）

＊しょっているやつは神を敵と見なす。（トルコ）

＊金持ちは財布の中身を誇り、学者はけちな論文を誇る。（アラブ）

＊恥知らずに唾を吐きかけてやると、そいつはおまえに「雨が降っている」というのだ。（レバノン）

第六章　友情

「歓迎されない客人は、
大英帝国のようにいつまでも居座る」

荒野には人々の心を惹くような劇場も映画館も喫茶店もボウリング場もデパートも美術館もないとすれば、人々は人と人間関係について語って時間を過ごす他はない。

実に大地と人こそがこの世のすべて、と言っても大して大げさな表現には当たらないだろう。

＊人は見かけでは半分しかわからない。会話ですべてがわかる。（マルタ）

この観察法は人に溢れる都会でも有効である。それなのに現代では、Eメール、テレビゲームなどに時間を費やす人々が増え、会話は衰退の一途を辿るばかりだ。健全なのは、会話をし続けるアラブの方であろう。

＊他人の助けを必要とするというのは、最悪の事態だ。（マルタ）

＊苦労がないと不信心者になる。（アラブ）

日本では、苦労を否定し苦労を避けるから不信心者が多くなり、自己中心的になるというべきか。

＊友達からもらったものなら、石も林檎《りんご》。（アラブ）

＊古い友達は鞍をつけた馬のようなものだ。（アフガニスタン）

＊笑顔は歓待よりもいい。（パレスチナ）

*人は病人の見舞いになら一マイルを行き、争いの修復のためなら二マイルを行き、友達に会うためなら三マイルを行く。（アラブ）

しかし良き友を保つためには、賢いテクニックもいる。友情を失わない方法はこうして格言からも教えられる。

*気持ちは一緒に、住処であるテントは離して。（アラブ）

*あなたの本当の敵は親友。（マルタ）

*天に神は二人といない。この世に親友は二人といない。（レバノン）

*味方なしに喧嘩を始める人は、綱を持たずに井戸に行くようなもの。（スーダン）

しかし友情は決して甘いものではない。

＊血の一滴は、千の友に匹敵する。（アラブ）

と彼らは言う。これと同じ思想はユダヤ人の中にもある。ラビ・ピンハス・ペリーの書いた『トーラーの知恵』（ミルトス）という書物には次のような逸話が紹介されている。

「一九四八年独立戦争で最も危機をはらんだ時に、シオニスト執行委員会で同じような応酬が交わされたことを私は思い出す。この時、老練なアメリカ・シオニズム指導者ラビ・イスラエル・ゴールドシュタインは、アメリカのユダヤ人とイスラエルのユダヤ人はユダヤ人国家建設のための戦いでは同志であると主張した。同志とはヘブライ語で『ダミーム』、〝血と金〟を意味する。私たちアメリカのユダヤ人は私たちのダミーム『金』を捧げるが、あなた方イスラエルのユダヤ人はあなた方のダミーム『血』を捧げていると言った。」

つまり、友情の中でさえ、命の危険が問題にされることは承認済みなのである。血を流す勇気もなく、もちろん命を捧げる決意もなく、出すのが辛いほどの金銭さえも捧げない人間に、なんの友情が期待できるだろう。デモだの、ほんの一日二日の断食だの、署名運動だの、ダイインと称するふざけた死んだまねだの、すべて安全地帯に立って「同志」を誇示しようとする。アラブ的判断によると、お笑い草であろう。

彼らは友達が不実であった場合に、心理的に備えている。

＊千回も考えを変える方が、一回だまされるよりいい。（レバノン）

＊（恩知らずな友人というものは）上着をやったら裏地もねだるものだ。（トルコ）

＊私が彼に泳ぎを教えたのに、彼は私を溺れさせた。（ムーア）

＊わしの口髭に火がついたら、それでパイプに火をつけるやつがいるだろう。（トルコ）

＊足を踏んづけるやつがいたら、首根っこを踏んづけてやれ。（レバノン）

＊北に向かって弾を撃ち込んだら、南に落ちる。（マルタ）

＊我々がやつらの羊を欲しがったら、やつらは我々のラクダを盗みやがった。（サウジアラビア）

＊誰かがおまえに好意を持ってくれたなら、彼が黒人でも好意を返してやれ。誰かがおまえを押したなら、たとえ谷底に面した危険な場所でも押し返してやれ。誰かがおまえを侮辱したなら、ムハンマドの直系の子孫であろうと侮辱してやれ。（アラブ）

＊他人のことを詮索するな。さもないと神がおまえのことを詮索する。（アラブ）

荒野の喜びと退屈しのぎは、客を迎えることである。客は原則として最大限にもてなされる。なにしろ退屈しきっている生活の中へニュースを持ってきてくれるのだ。だから、

＊客をしない家には、天使も来ない。（アラブ）

と考える。しかし客は同時に、危険な要素も持っている。昔、アラブで会った一人の日本人が私に次のような話をしてくれた。

「ある時、車でベドウィンのテントのそばを通りかかりましてね、ちょうど主人と出会ったら、もちろん初対面なんだが、お茶を飲んでいけというんですよ。それで、テントでお茶をごちそうになったんだけど、折悪しく贈り物になるようなものを何一つ持っていない。

数ヶ月後にまたその近くと覚しきところを通りかかったもんで、僕は運転手に言ったんです。『ちょっとあのテントに寄ってくれないか。この間ごちそうになったお茶の御

礼を届けたいから』。すると運転手は、表情をきつくして首を振りましてね。『この間はたまたま迷ってあそこに行きましたから、テントに寄ったんですが、二度と行ってはいけません』。『なぜだ』と私は聞いたんです。『友達になったんだから、もう一度行ったっていいじゃないか』。すると運転手は答えました。『最初は迷って行ったからいいんですす。しかし二度行くと、女か羊を取りに来たと思われます』。うちの運転手はベドウィンの出ですから、そう思うんでしょうな」

アラブの格言には、客に対する距離の置き方を教えたものが多い。

＊三日間客を歓待しないうちは、質問をするな。（ベドウィン）

＊客は見ないふりをして、出されたものを食べ、噂話をしてはいけない。（アラブ）

＊歓迎されない客人は、大英帝国のようにいつまでも居座る。（イラク）

*夏の雨、寒い季節の星、客の言葉、どれも信用するに値しない。（モロッコ）

*狼の招待を受けたなら、犬を連れて行け。（トルコ）

悪い友人ないしは客に対する用心は、父から息子へと教えつがれる。

*一回あなたを騙した男は、百回騙す。（アラブ）

*日は夜の約束を反故《ほご》にする。（レバノン）

友ではないが、使用人に対して威厳のある主人でいることも難しい。

*甘くすれば搾取され、きつくすればやっつけられる。（アラブ）

＊好意的な忠告でも人の前ですれば叱責になる。（アラブ）

＊使用人の汗が乾かない前に給料を払え。（アラブ）

＊使用人と猫は二年以上飼ってはいけない（そうすると彼らはつけあがる）。（レバノン）

これはアラブ社会で人を使う場合の初歩的な鉄則だという。

友とは優しい関係のみを保つわけにもいかない。友を凌駕し、友の間で評判と名声を確立することもまた、男の目的である。

＊名声を失うより、片目を失った方がいい。（トルコ）

弁舌もまた男の資質を発揮する貴重な才能のひとつであると考えられる。

*男の発言は彼の剣。（アラブ）

*相手に圧倒されると、発言をドジる。（アラブ）

*議論の下手な男の舌は長くなる。（アラブ）

つまり、おしゃべり男の話は、内容がないということである。

*会話には税金がかからない。（レバノン）

*弁舌に骨はない。しかしそれは聞く者の骨を砕く。（アラブ）

*語る時に恐れるな。恐れたら語るな。（イラク）

＊もしも彼をどぎまぎさせたかったら、彼に選ばせることだ。（レバノン）

日本人は自由を叫び選択を当然のこととするが、彼らは選択こそ難しいことを知っているのである。

第七章　結婚

「私は妻に『おまえなんか離婚だ』と言った。
すると彼女は『ベッドへおいで』と命じた」

結婚は、どの社会にとっても、一つの慶事であり発展である。勢力争いや商売の話ばかりしていると、人間の顔つきは厳しくなるが、男と女が結ばれる話になれば、だれもが顔をほころばせるのである。

荒野に暮らす人々にとって、人間は人間としてそこにいてくれるというだけで貴重品だ。日本の都会では、しばしば他の人間が自分の生活を脅かすことになる。通勤電車の中、賑やかな町の交差点、セールの日のマーケット。どこでも他人が私たちの周りにひしめき合い、邪魔になり、時には喧嘩の種になる。しかし、荒野に住む人たちにとっては、人の存在は宝石のように貴重なものである。

そして、男は女の気配から、女は男の存在から、多くの普遍的な知恵を学ぶのである。と同時に、男と女の関係は、都会の生活と同様に流動的である。

アラブ人たちは、婚姻は神の命令であると言う。男性は、ユダヤ教徒、キリスト教徒の女性との結婚は許されるが、女性はイスラムでない男性との結婚は認められないと言う。結婚は当人同士の結びつきではなく、一族の祝福と納得のもとに行なわれ、事前に細かい契約が交わされる。

よく日本人は「アラブ人はすごいですね。自分の娘を高い値段で花婿に売りつけようとして娘の父親ががんばるんですから」というようなことを言うが、アラブ人ははっきりと、愛もまた金で示すものと考えている。

それゆえに、花嫁に支払われる結婚の前払金の額が少しでも高ければ、それは花婿の花嫁に対する愛の証とも思われるのだから、娘の父はその額をつり上げるために交渉するのである。

＊花嫁を欲しければ、金を使わねばならない。（アラブ）

このような表現がアラブ世界の外側の者たちに「アラブ人はお嫁さんを買う」という

印象を与えるのであろう。

＊娘を結婚させたくない父親は、結婚前払金をつり上げる。（南レバノン）

これは花婿候補が嫌な男なので拒否しようという意図が見えたものというより、ごく一般的に娘を手放したくないという世界共通の父親心理のあらわれでもあるのだろうか。

通常、花嫁は、血のつながった一族から貰うことになっている。青年の側から見ると、妻にするのは、父の兄弟の娘、つまり従姉妹《いとこ》を貰うことになる。

サダム・フセインの娘のうちの二人は、サダムの父親の弟の孫にあたる兄弟と結婚している。これはつまり又従兄弟結婚ということになる。サダムの第一夫人は、サダムの従姉か従妹。サダムの身近にあって大統領顧問をつとめる二人の兄弟は、サダムの父違いの弟たちである。「ケミカル・アリ」と呼ばれて、クルド人虐殺の指揮をとったアリ・ハッサン・マジド国防相も、サダムの父方の従兄弟の一人だった。又、フェダイン・サダムと呼ばれる親衛隊もほとんどがサダムの一族つまり血縁であるという。

このようにして、結婚のみならず、生活上の経済、社会的地位などを守るのに、他人は決して信用しない。すべて同宗教であって、しかも血族である人々によって固めるのである。だから、開かれた社会、機会の均等、実力主義などという民主的な社会構造の中で評価されるものを、別にいいものとは感じていない。

＊男の美は知性。女の知性は美貌。（アラブ）

＊彼女は食べる口は持っているが、喋る口は持っていない。（アラブ）

これは人柄がよく、もの静かな娘に対する高い評価だという。

今なおアラブ社会の一部では、女性が男の所有物のように家に閉じこめられ、女性たちにいささかも社会の外部に向かった働きを望まなかった状況の反映が見られる。

＊女は地獄だ。しかし女なしの家というのもないのだ。（ペルシャ）

＊女の言うことを聞いていると地獄に行く。（チュニジア）

＊生活には不幸がいっぱいだが、そのほとんどは女が原因だ。（レバノン）

＊王様、馬、女を信用するな。（ペルシャ）

＊女より劣った男はいない。（アラブ）

＊女たちはいつも知性を家に置いてきている。（クルド）

＊神は、彼の慈悲から女を除外した。（アラブ）

＊ベールが厚いほど、上げる価値はない。（トルコ）

これなど、実に強烈な皮肉である。一般に隠してみせる女ほど不器量だということだ。世の中には、露出して男の気を惹くのと、隠すが故に男の心をそそるのと、二つのやり方があるようだ。

サウジアラビアで会った一人の日本人男性は、かつて私に語ってくれたことがある。

「ここでは、町を歩く女性が極《ご》く少ないでしょう。それに男と同伴で歩いていたとしても被り物を被って体の線の出ない長着を着ています。だから時たまわずかに長着の裾からくるぶしがちらっと見えただけで、どきっとするほどエロチックなんです」

満点の星空の下で語られるこうした男たちの会話は、赤裸々を通り越し、再び純粋の星の結晶となって静謐《せいひつ》な夜空に還って行くようでさえある。

どこの社会でも同じだが、結婚そのものも彼らに多くの格言を生ませた。

＊女は鞭、男は神経。（イエメン）

これは痛むのは神経の方だ、という意味だろうか。聞いてみたことはないが、鞭も痛いと思っているかもしれないのだが。

＊もしもあなたの婚約者の容貌を知りたければ、彼女の男兄弟の顔を見たらいい。（アラブ）

この婚約者は花嫁候補と見るべきだろう。日本だったら母親の顔を見ろというのだろう。しかしアラブでは基本的に、花嫁の姉妹はもちろん年とった母親の顔さえ見ることができない場合がある。だから男兄弟の顔を見てその遺伝的容貌を類推するほかないのであろう。

＊馬鹿は妻を賛美し、賢い男は犬を褒める。（トルコ）

＊どの結婚式でも何かがうまくいかない。（アラブ）

日本でも結婚式の当日、必ず花嫁花婿の親族は式や披露宴の手順がうまくいかないことで小さな口喧嘩をするという。アラブもそれを真理として認めている。

＊葬列には加われ。しかし結婚式には出席するな。（シリア）

この格言の真意を私は理解していない。しかし、これを読むたびに、私が深く尊敬する一人のカトリックの神父の言葉を思い出す。この神父はいつも皆に言うのだ。

「僕は結婚式は嫌いだなあ。なぜかって言うと一ヶ月もしない内に離婚したいって言って来るんだから。その点、葬式はすばらしい。完結していて完璧だ。僕は葬式は好きだね」

それでも結婚したては、誰もが有頂天の日々を過ごす。

＊愛してくれた男と結婚する女は、愛した男と結婚する女よりうまくいく。（アラブ）

*花婿は最初の七日間は王子、次の七日間は大臣、残りの生涯は囚人。（チュニジア）

*小柄な女性は、常に夫から若く見られる。（アラブ）

*愛したら愛し続けるのだ。憎んだらそれを隠すのだ。（パレスチナ）

当然のことだが、結婚の甘さは間もなく消え失せる。夫婦喧嘩は日常茶飯事となる。アラブの妻たちは、日本人の妻たちのように、夫の懐具合を考えてものを言うことがない、という。夫が約束した家財道具、贈り物、すべてその通りに与えられなければ、それは非難攻撃の的になるという。

*歯痛のような苦しみはない。結婚のような難儀はない。（チュニジア）

*女房の不平不満をベッドで聞くよりは、大槌でぶったたかれた方がましだ。（レバノン）

＊私は妻に「おまえなんか離婚だ」と言った。すると彼女は「ベッドへおいで」と命じた。（イラク）

＊クリスチャンたちは配偶者の首を絞めるほか、結婚から逃れる方法がない。（レバノン）

アラブ人たちは、結婚の時に離婚金の額まで設定されているから、教会が離婚を認めないとするキリスト教徒を憐れんだのである。

イスラム教徒たちが最高四人までの妻を持つことができる理由は、第一に戦争によって男性の数が減った場合、全く結婚できないという女性を作らないためだと言われている。しかしそもそもはムハンマドの時代に、男たちが戦死した後、子供を抱えた女性が寡婦として残された場合、その生活の厳しさを救う手段が必要とされたからであった。

つまり、ベドウィンの生活では男手なしに母子が暮らすことは不可能だったのである。それ故、夫を失った妻とその子供は、誰か責任を持ってくれる男の庇護の下につけてやらねばならなかった。それが、この四人まで妻を持つことができるという習慣の基本であって、決して一概に好色や性的乱脈の故ではなかったのである。

しかし、女の目から見て、結婚生活は決していいものとも思われていなかったらしい。

＊寡婦と若い娘たちは、世の妻たちを憐れんでいる！（アラブ）

＊二人の妻を持つ男は荷運び人だ。（クルド）

というような実感が生まれるのである。そして男たちは、女との関係をしきりに客観的に眺めようとする。

＊女の蠟燭《ろうそく》立てが、金で鋳造されているとしても、蠟燭を補充するのは男の役目なのだ。
（トルコ）

＊おまえにほほ笑みかける女は、おまえを騙そうとしている。泣く女はすでに騙したのだ。（アラブ）

＊後悔した売春婦が奥様になる。（アラブ）

＊母親がいる間は、女を「売女」と言うな。（オマーン）

第八章　家族

「家に老人がいないなら、一人買ってこい」

荒野にともる温かい灯火は、男たちに妻（時には複数）と子供たちのいる家を暗示する。ベドウィンたちは、公道の指定もなく所番地も設定されていない荒野のただ中にぽつんとテントを張って生きるのである。時にはその所在は、低い丘の向こうであって、テントそのものも山羊皮張りの地味な色をしているから、私のような余所者にはなかなか見つからないことさえある。

彼らが家であるテントの所在を外部に示す時は、多くの場合、舗装した道の脇に小さなケルンを積む。この小石の石積みから奥の方に行けば人が住んでいますよという声が聞こえるような光景である。もっともベドウィンを訪ねるにはそれ相応の礼儀や用心がいると言う人もいる。

テントは、どこが入り口か外来者にはわからないことも多いが、その場合は咳払いをしながらテントの周囲をぐるりと歩くらしい。すると、中から男が出てきてくれる。うっかりテントの中を覗き込んで、そこが女部屋であってはならないから、そのような予防措置をとるのである。

荒野にともる我が家の灯は、どんな男にも安らぎを与える。

＊子供のない家庭には灯火がない。（シリア）

＊子供に対する期待は、金にかける望みよりもいい。（チュニジア）

＊男は家の中では子供だ。（アラブ）

＊老人のいない家は、井戸のない果樹園と似ている。（アラブ）

＊すべての年寄りは二つの間違いをやらかす。可能性のない希望と極度のケチ。（アラブ）

＊老年は玉葱のようだ。芯が青くて頭が白い。（アラブ）

＊家に老人がいないなら、一人買ってこい。（アラブ）

老人は、世話をしなければならない存在でもあるが、しかし家庭においては貴重な存在であることをも彼らは知っている。そして同時に、口が多いと養うのが大変だということも、男たちは身にしみて感じる。

＊収穫の時には大勢がいい。食事の時には小人数がいい。（レバノン）

＊子供の扱いに困ったら、膝の上に抱き上げなさい。（エジプト）

荒野では自然であることが大きな意味を持つ。そうこうして育てた子供が、やがて大きくなった時の父親の心境は複雑である。

*父親のズボンが息子に合うようになったら、父は墓場に足を踏み入れかけている。（マルタ）

学校に通えないベドウィンたちは、親が教師の役目もかねる。親はしばしば文字を読むこともできないであろうが、それでも生活の上では子供たちの偉大な師である。

*父の怒りは神の怒り（アラブ）

*子供を愛してもいいが、決してそのことを外に見せるな。（アラブ）

*おまえの運命は、子供たちの手の中にある。（アラブ）

*生まれて次の日の子供だって、もうすでにどうしたら両親を困らせられるかを知っている。（アラブ）

＊心を鬼にできない親は子供たちを育てられない。（アラブ）

しかしすべての親たちが子供の教育に成功するとも限らないのは、アラブも同じである。

＊私の心は子供のためにある。しかし子供の心は石でできている。（アラブ）

＊子供は持つのも災難、持たないのも災難。（アラブ）

＊息子を殺された母は、やがてその事実を忘れて眠るが、息子が牢獄にいる母は、決して安らかに眠れない。（アラブ）

昔から、彼らは常に我々の社会の常識から見て公正な裁判で裁かれたわけではない。強い者が弱い者に君臨し、罪人を作り上げることもある。それ故にこのような母も出現したのであろう。

アラブ社会では、妻子たちも重要だが、前に述べたように、一族は好むと好まざるとにかかわらず、結束して外界に当たらねばならない。

日本の都会生活では、従兄弟従姉妹《いとこ》はほとんど他人で、会ったこともないという人さえいるが、アラブにおいては、結束し、共同して働き、儲け、共に敵に当たる最も有効な存在である。

＊私は弟と組んで従兄に対抗した。従兄と私はよそ者に対抗した。（アラブ）

これはアラブの人間関係を示す至言である。

＊おまえの一族は、おまえの肉を食べるかも知れないが骨まではぶち折らない。

（レバノン）

＊先祖の土地ではいつも胸を張って歩け。（アラブ）

＊男兄弟のない男の足には力がない。（ペルシャ）

＊子供はまだ生まれる。別の相手とも再婚できる。しかし兄弟を失ったら取り返しがつかない。（アラブ）

＊正しくたって間違えてたってどっちでもいいのだ。おまえの兄弟を支持しろ。（アラブ）

これはイラクの戦争のなりゆきを読み解く鍵である。アラブ社会は正しかろうが正しくなかろうが、アメリカよりはイラクを支持するのである。しかしそれほどに思いもかけるから、弟や従兄弟に裏切られる場合も数多く出てくる。

＊兄弟ほどあなたを悩ませるものはない。（中世アラブ）

＊兄弟を落とすために穴を掘る男は、自分がその穴に落ちる。（アラブ）

＊弟は信じるな。（アラブ）

アラブの父たちにとって、娘もしばしば頭痛の種である。何しろ娘たちは結婚まで純潔を守られねばならないのだが、現代ではその掟が危機に直面している。

リビアやサウジアラビアなど保守的なアラブの国々では、近所の店に食料品を買いに行く時でさえ、妻や娘を出さない。「コカコーラを一本買いに行くのだって、近所にいる親戚の男の子が行くのです」と説明された。日用品、食料品などの買い物は男の仕事となっている国が多い。

＊どの娘も問題ばかり。（アラブ）

＊甘やかした娘にコリアンダーを買いにやらせると、妊娠七ヶ月になって帰ってくる。（モロッコ）

＊娘を嫁に出して、おまえの家から恥をなくせ。（イラク）

＊娘を持った父親は安心して眠れない。（アラブ）

＊おまえの息子の息子は、おまえの息子だ。しかしおまえの娘の息子はそうではない。（イラク）

ついでに家族の話をするなら、家族のあらゆるメンバーに対する思いも知らなければならない。複数の妻の存在というものは、アラブの男たちにとってどんなものなのだろう。

＊一人の妻しかいない家庭は繁栄する。二人の妻の家庭は廃墟だ。三人の妻のいる家庭は——ズボンを下ろしてウンコしろ。（レバノン）

複数の妻を持つ夫は、どの妻をも平等に扱わねばならないことになっている。たとえば、最初の妻が病身である場合、その妻を離縁して惨めな目にあわせるより、二人目の妻をもらって最初の妻をもいたわる方が優しい行為だとされているようである。

アラブの国々を歩くと、市場《スーク》などに複数の黒衣の妻たちを連れて買い物に来ている男がいる。彼女らは「妻たち」なのである。「どの妻にも同じ程度のものを買い与えなければならないのは、大変でしょう」と私が言ったら、アラブ人の一人がかすかな微笑を浮かべて答えたことがある。「どの妻にも何も買ってやらないという平等もあるんです」

家族関係は、妻と子だけではない。たとえば母親というものにアラブの男たちはどのような心情を持っているのだろう。

＊優しい心の母は、不幸のうちに死ぬ。（アラブ）

＊母親に死なれると、子供は敷居を枕に寝る。父親に死なれても、子供にはまだ母の膝が残っている。（チュニジア）

＊母親について詮索すると、ロクな事はない。（マルタ）

＊性的不能な青年の母は喜びも悲しみもしない。（アラブ）

これまた恐ろしく複雑な真実だ。

＊おふくろを売り飛ばして、良い銃を買え。（サウジアラビア）

＊被害者の母は、決して忘れない。暗殺者の母は、覚えていない。（レバノン）

人間関係をもう少し広げると、次のようになる。

＊義母は熱病、義妹は毒蛇。（レバノン）

＊姑を愛する嫁は千人に一人。嫁を大事にする姑は二千人に一人。（レバノン）

＊甥はおじの敵。（レバノン）

＊私の姉はイスラエルのティベリアスに住んでいる。しかし彼女の匂いはここまで届くんだ。（レバノン）

＊父親が玉葱で母親が大蒜なんだぞ。どうしてその子供が臭い匂い（悪い評判）から逃れられるんだ。（アラブ）

義理であっても血がつながっていても、つまり家族のしがらみは、時には暖かく、時には強烈に人々の生活を縛るのである。

どこの国にも、余所《よそ》者に対する痛烈な批判や悪口というものがある。血族的に近いものほど、愛憎も深いのが原則である。

＊四十年後に復讐をしてベドウィンはいうのだ。「素早い仕事だったよ」（レバノン）

＊ベドウィンにあなたの家の玄関の入り方を覚えられたら、玄関を変えなさい。（なぜなら彼らは無神経な連中で、これからも度々やって来るだろうから）。（アラブ）

＊イギリス人は、スルタンの母方のおじさんだそうな。（ベドウィン）

＊イエメンはアラブのゆりかご。イラクは墓場。（アラブ）

＊二階家をマルタ人に貸すな。なぜならそいつはおまえの頭の上に唾を吐くから。（マルタ）

＊アラビア語でお世辞をいい、トルコ語で咎《とが》め、ペルシャ語で議論する。（ペルシャ）

＊神はスーダンを作って笑った。（アラブ）

＊アダムとエバはペルシャ語を話した。しかし二人を楽園から追放した天使はトルコ語を話した。（ペルシャ）

＊トルコ人が馬に乗って通った後には草も生えない。（トルコ）

しかし総じて、外国人には用心することが必要だ。

＊同胞は国により、敵は宗教によって決まる。（アラブ）

＊見知らぬ人と握手したら、後で指を数えろ。（ペルシャ）

これは握手をしているうちに、指を盗まれていないかどうか確かめてみろということだろうか。

家族の意識の端には、生活を共にする家畜への思い入れも深い。

＊犬は飢えさせろ。そうすれば従順になる。（アラブ）

＊犬の夢はパンくず。（アラブ）

＊犬には餌を与えろ、そうすればおまえの家を守る。猫は飢えさせろ、そうすればおまえの家の鼠を捕る。（アラブ）

＊犬のいない宿営地《キャンプサイト》は空っぽだ。（チュニジア）

＊二匹の犬を相手にする犬は臆病である。三匹の犬を相手にする犬は死んでいる。（アラブ）

＊狼が羊を襲いに来ると、犬は隠れる。（アラブ）

ロバや騾馬《らば》は、ラクダとともに、彼らの生活の中でなくてはならないものである。

＊一人で一匹のロバを持つことは、純血の雌馬を他人と共有するよりましだ。（アラブ）

ということを彼らは知っているのである。

＊借りたロバは必ず死ぬ。（アラブ）

＊友達のように馬の世話をし、敵のように乗りこなせ。（トルコ）

しかし、ロバや騾馬はアラブ社会では愚か者の代名詞である。イラク侵攻の時、一人のアラブの婦人は、ブッシュはロバだと叫んでいた。ただしロバはそんな悪口に全く動じない。私のように馬を扱うのが下手な者のことは一目で見抜き、何とかして働かないために頑強にさぼって道端の草を食べ続ける。ロバは私から見ると愚か者どころか、悪知恵のある動物である。

＊騾馬（雄ロバと雌馬の間に生まれる）のみが出自を否定する。（アラブ）

＊亀だけが父親そっくり。（アラブ）

＊自分の子供を食べた猫は、鼠に見えたと言い張るのだ。（トルコ）

＊一度蛇に咬まれると、曲がりくねった縄まで怖くなる。（アラブ）

＊動物は糞でわかる。（レバノン）

第九章　貧富

「貧乏は叡知」

アラブの本質を見せるのは、商売、金などについての人生観である。

かつて私は、商才は西に進むと教えられたことがあった。東京の商人は関西の商人に到底かなわない。関西の商人は中国の商人の敵ではない。中国の商人はインドやパキスタンの商人に勝てず、インドやパキスタンの商人はレバノンの商人に赤子の手をねじるようにやられてしまう。

かつて私はレバノンでパレスチナ人の難民キャンプを訪ねたこともあったが、そこでは他のアラブの土地で始終出会う「バクシーシ」（お志を下さいということ。一種の乞食行為とみられている）を口にする子に一人も出会わなかった。私は感動し、そのことをベイルートに住んでいる一人の日本人に話した。すると彼はちょっと侮蔑的な微笑を口端に浮かべて私に言った。

「そんなことを言ってみても、曽野さんは金をくれないということを一目で見抜いたからですよ。彼らは音に聞こえたフェニキア商人の末裔《まつえい》なんですから」

ビジネスについての格言は、実に多い。

＊あなたのパートナーはあなたの敵対者だ。（エジプト）

＊掛け売りをして金を取れないか、支払いを求めて敵を作るかだ。（シリア）

＊職人仲間はおまえの兄弟。たとえ敵であってもだ。職人仲間はおまえの敵。それがおまえの兄弟であってもだ。（アラブ）

＊生活とは、借りて返すことだ。（レバノン）

＊商人が品物にケチをつける時は、買いたがっているのだ。（アラブ）

しかし彼らは、労働に対して静かな尊敬を抱いている。

＊よく働けば、人は長寿で一日が短い。（トルコ）

＊仕事は祈り。（アラブ）

＊一生懸命働くことは、聖戦を戦うことと同じだ。（アラブ）

商売と労働の結果である金、乃至《ないし》は資産は、彼らにとって最大の関心事であって当然だろう。

＊金より土地がいい。（オマーン）

＊最初に買うものが家、最後に売るものも家。（アラブ）

＊金ほどの使者はない。（アラブ）

という以上、金を持ってこない外交も友好関係もないということか。

＊けちな金持ちは、果実のつかない木のようなものだ。（アラブ）

＊富は不名誉を隠す。（アラブ）

＊金があり過ぎると、人は盲目になる。（アラブ）

＊金持ちの心はいつも疲れている。（アラブ）

＊友達が金持ちになるように祈るな。そうなったら彼は友達でなくなる。（アラブ）

＊富は人々を地獄に送る。（アラブ）

＊金さえあれば、地獄でシャーベットも食えるのだ。（アラブ）

＊誰もが金持ちに味方する。（レバノン）

＊金持ちは歌で迎えられ、貧しい者は石で迎えられる。（アラブ）

それに対して貧困もまた、彼らの格言の材料になる。

＊貧困は心の目を奪う。（アラブ）

＊貧困は賢い人の足かせ。（シリア）

＊太陽は貧乏人の外套。（アラブ）

＊金持ちが恵む前に貧乏人は死ぬ。（トルコ）

＊貧乏人の努力は涙。（アラブ）

＊屋根はいつも貧乏人の頭の上に落ちてくる。（オマーン）

しかし、彼らは最高の哲学を貧乏の中に見つけた。彼らは言う。

＊貧乏は叡知。（アラブ）

実に多くの日本人が、才能と知能に恵まれながら、賢くなくなったのは、叡知の源である貧困を取り上げられたからかもしれない。しかし我々は、簡単に貧困を愛することもできないのだ。

貧困こそ、我々の中の卑怯さと残忍さを露呈し増幅する。できれば、自他共にそのような醜悪さで困らされたくないと思うのも自然ではないか。彼らは健全に自分の魂の痩せ細った姿を知っている。

＊どんな預言者も自分の魂のために祈る。（クルド）

＊誰もがベッドの上で毛布を自分の方に引っ張る。（レバノン）

＊外で飲めば自分の水差しの水を節約できる。（レバノン）

商売をするために彼らもまた旅をした。家族とも長く別れ、危険の多いものであった。それ故に、旅から得た知恵を彼らは豊富に蓄えた。

＊旅は祝福。（アラブ）

＊旅行を通してのみ、人は成熟する。（ペルシャ）

＊連れを選び、道を選べ。（アラブ）

＊どの旅行も、ちょっとした地獄。（チュニジア）

＊自分より頑強な人と旅行せよ。（オマーン）

＊どんな集まりの中でも四十日暮らせば、おまえはそこの一員になれる。（アラブ）

＊（荒野で）道に迷った男には、夜鳴き鶯《ナイチンゲール》の声よりも犬の吠え声の方が安心して聞ける。（トルコ）

犬は荒野の只中には決していない。犬の吠え声が聞こえるということは、村が近いということだ。

＊ラクダは陸の船。（アラブ）

＊海の向こうからいいものが来たことはない。（アラブ）

＊海は反逆者だ。中に立ち入ったものは命を失い、そこから逃れた者は再生する。（アラブ）

家族と離れていることは、寂しくもあるが、その分、解放感も味わえる。

＊家から離れている方が、好きなだけ嘘をつける。（アラブ）

＊若者と旅行するな。おまえのロバが躓《つまず》けば馬鹿にして笑うし、彼のロバが躓けば泣きわめくから。（レバノン）

＊旅から帰ったらお土産を出すのだ。たとえそれが石一つでも。（イラク）

もともとベドウィンたちは、家畜の皮一枚で、暑さ寒さ、風、砂などを防ぐ天幕の生活であった。外界は情け容赦なく天幕の継ぎ目や裾から侵入してくる。戦う相手は敵ばかりとは限らない。家畜や家族の面倒も見なければならないし、同時に過酷な天候とも彼らは立ち向かって生きてきたのである。

季節に関する格言を読めば、私たちは、ミシュランのガイドブックを読むように現地の気候を類推して、旅行計画も立てられるというものだ。侵攻作戦もまた、格言を参考にして立てられそうだ。

＊二月には規則がない。（アラブ）

＊二月は年とった女たちの敵だ。（レバノン）

＊火は冬の果実。（シリア）

＊冬の日の焚き火のそばは、チューリップのベッド。（トルコ）

＊二月の寒さは、イナゴの発生と干魃を防いでくれる。（イラク）

＊三月には食物は高くなる。そして家では喧嘩が増える。（アラブ）

＊三月に蛙が鳴き出すと、寒さの心配がない。（アラブ）

＊三月には、羊飼いの衣服がびしょぬれになってもその日のうちに乾く。（アラブ）

＊三月には雌牛を中庭に出しなさい。（レバノン）

＊三月の風、四月の凶作。（アラブ）

＊四月の雨は、貴重な宝石。（アラブ）

＊五月の寒さは、破滅をもたらす。（アラブ）

＊夏の寒さは剣よりも鋭い。（レバノン）

＊夏は貧乏人の父。（クルド）

＊夏の暑さの方が冬の寒さよりましだ。（アラブ）

＊七月の初めには、水が水差しの中で沸騰する。（レバノン）

＊七月の取り入れ時期には、新しく取れた穀物のために壺を用意する。（アラブ）

＊八月には葡萄畑に行って、心配せずに甘い葡萄を集めなさい。（レバノン）

＊十月、葡萄とイチジクにさようなら。（アラブ）

＊十一月は二度目の夏。（アラブ）

＊十二月と一月には火鉢のなかにたくさんの炭を入れなさい。（アラブ）

＊十二月と一月は家の中にこもっている。塩と油を持っているんだから。（アラブ）

＊十二月と一月は家の中にいる。そして貧しい人に情けをかける。（アラブ）

気候が人間の生活と心を大きく左右することは、都会に住む我々の比ではないだろう。

＊雲が出れば雨が降るというものではない。（イラク）

＊悪い年には、雌山羊が雄山羊の背に乗る。（レバノン）

＊あまりにもたくさんの雄鶏が夜をめちゃくちゃにする。（アラブ）

＊運の悪い女は一年に二回出産する。（アフガニスタン）

＊曇り日は狩りのため、風の日は眠りのため、雨の日は娯楽のため、晴れた日は商売のため。（アラブ）

そして彼らは時の流れを次のように感じる。

＊時間はソーセージより長い。（マルタ）

＊時は言葉もなく、挨拶もせずに過ぎていく。（アラブ）

＊悪い一年は二十四ヶ月ある。（レバノン）

第十章　サダム・フセイン

「バスラの反乱以後は廃墟」

米英軍とイラク軍との戦争の最中に、私はどれほどアラブの格言を、胸に迫る思いで読んだことだろう。そもそもキリスト教徒との対立は、彼らの文化と歴史に根ざしている。

＊ピーター（ペテロ）とジョン（ヨハネ）、我々の所から出て行け（異教徒にはいてほしくないのだ）。（レバノン）

＊丸天井《ドーム》（イスラム教の象徴）と十字架《クロス》（キリスト教の象徴）は、常に戦争状態にある。（アラブ）

しかし、私は所詮傍観者であった。安全な距離に身を置きながら戦争を考えるというほど、卑怯なことはない。

アラブはすでに、

＊傍観者として戦争を見るのは面白い。（オマーン）

と見抜いているのである。

これら格言の多くは、新しいものもあるかもしれないが発生の時期もわからぬほど以前に、誰かの口から発せられ、その真実性の故に定着し、長い年月の間に、繰り返し繰り返しその重みを確認され続けていったものがほとんどと思われる。

その中には、あたかも開戦の前夜に急いで作られたものではないかと思われるほどの今日性を持つものもあって、私は今更ながら時間を超越したと思われる彼らの思考の息の長さに打たれたものであった。

＊世界は戦争で始まり、戦争で終わる。（アラブ）

＊心に迷いを生じてはいけない。宇宙には統率者がいて、世の中が悪くなるように見えても神という案内者はいる。（アラブ）

おそらくこの言葉が、イラクの人々の最初で最後のよりどころになっているのであろう。しかし、多くのアラブの格言は、そのままブッシュにも当てはまり、同時にサダムの顔にも跳ね返って来るというものである。

＊もし人類が裁くのを急がなければ、全人類は天国へ行く。（レバノン）

＊戦いは欺瞞だ。（アラブ）

＊証人を出せない男は嘘つきだ。（チュニジア）

この言葉から、人々は誰を想像しただろうか。大量破壊兵器と化学兵器を隠して出さないと言われていたサダムか、それとも第三者に証拠を見せられないままにその存在を主張し開戦を合理化したパウエルか。

査察に関しては真実はどうあれ、サダム側の戦略が功を奏した。彼らは表向き恭順と協調を示し、そして格言の中に一つの利用できる言葉が用意されていたことを発見したであろう。

＊無実なやつでもぶっ叩いて白状させろ。（アラブ）

国連の査察はトロかったという人もいるが、広大な全イラクの土地からあらゆる秘密を探り出すのに一月や二月で済むかという説もある。その時アラブの次の格言がまた浮上してくるのである。

＊性急は悪魔から来る。（アラブ）

＊物事の本当の欠陥は事が終わって露わになる。（アラブ）

そして戦いは始まった。米英軍側の戦略に間違いがあったと言う人もいる。双方が弱点を糊塗した。

＊欠点を告白した者は許される。（アラブ）

＊人は自分が狼にならなければ、狼に食われる。（アラブ）

しかし、彼らは戦いの本質を明快に次のように断じる。

＊愛する者のために死に、憎む者を殺せ。（アラブ）

＊俺たちから遠く離れていろよ。そうすれば好意を持ってやる。しかし、近づけば、呪ってやるからな。（パレスチナ）

今度の戦争は、双方ともが情報戦に力を注いだという説もある。サダムが過去にどのような残虐なことを行なったかも私たちは改めてアメリカ側の資料から知らされた。ただアラブは、格言で言うのである。

＊有名になりたかったら残虐を行なえ。（アラブ）

＊重要人物になるには、死ぬか、長い旅に出る他はない。（ペルシャ）

私たちはバスラの比較的長い攻防戦に息を呑んだ。バスラはすでに格言の中に登場する地名であった。

＊バスラの反乱以後は廃墟。（レバノン）

九世紀半ば、カリフの力が弱ると、南イラクで農場奴隷たちが蜂起した。援軍の要請は繰り返しバグダッドに送られたが、町を救うのには間に合わなかった。奴隷たちは南アフリカのザンジュ出身の黒人たちで、バスラを占拠した黒人に対する差別と、自分たち部族の女を取られるかもしれないという恐怖感は以後強烈なものとなった。

それ故に、「本能寺の変、以後」というような感じで、「バスラの反乱以後」という言葉が格言として定着したようである。実にバスラは千年以上に渡って、既に戦火の無残さを歴史と記憶に留めていた町だったのである。

まさにキナコが舞い上がったような猛烈な砂嵐に包まれて膠着《こうちゃく》する戦いの間に、米英軍は、電機的精度に由来する武力を頼りにしたかもしれないが、サダム側がよりどころとしたのは、魂の問題であった。

＊武器を持つことは簡単だ。とはいいながら爪だけがライオンを勇敢にするのではない。（アラブ）

これは、アラブ社会におけるシェークスピアと言われたムタナッビーの言葉だという。

＊名誉のために戦え。不名誉を得るのはたやすいことだから。（アラブ）

これは予言であったのか、言い訳であったのか。しかし次のような格言ほど戦いの本質を永遠の新鮮さで示すものはない。

＊引っ掻いてみろ。おれもおまえを引っ掻いてやる。（アラブ）

＊やり方が幾つもあると思うやつは、優柔不断に陥る。（アラブ）

＊一番辛い苦悩は、いま直面している苦しみ。（アラブ）

＊危険は爆発するまで消えることはない。（アラブ）

＊猫と鼠は家を荒らすことでは同意する。（アラブ）

猫と鼠は、悪事に同意しなければ敵同士で、何事にも意見の一致をみないものだ。アメリカが猫、イギリスが鼠と読めば、これはまさにアラブ側の言い分である。

＊幸運は、期待していない者のところにやって来る。（アラブ）

＊存分に苦しんだ者の上に、さらに事故は起こる。（アラブ）

＊数千の敵を持たなければ、一人の友人は見つけられないものだ。（アラブ）

イラク侵攻の初期の頃、ひとりのアラブ人の男がテレビの前に現れた。首の太い、口ひげの傲岸な男であった。

彼はにこりともせずアメリカの兵士たちに言った。

「アメリカは大歓迎だ。ところで食物はいつ来るんだ。俺の女房も子供たちも腹を空かせている」

この男の態度を、日本人はずうずうしさとみるであろう。しかし格言は言う。

＊食い物には勝てない。（レバノン）

戦いはいつか必ず終わる。終わらなかった戦いはないのだ。その結果、彼らは次のように思う。

＊怒りの初めは狂気、終わりは悔悟。（アラブ）

＊この部族の不幸は他部族の利益。（アラブ）

＊すべてことが終わった時に後悔するのは、死ぬより悪い。（アラブ）

＊ことが終われば方法は正当化される。（アラブ）

＊神は弱い者に味方するから、強い者は熟慮する。（アラブ）

＊廃墟になるまで崩れ落ちなければ、再建はありえない。（アラブ）

＊気違いが井戸に石を放っても、通りかかった正気な人間はそれを取り除かない。（アラブ）

これは理性の世界がいつも体験する悪夢の姿である。

＊長く待ってやっと救いは来る。（パレスチナ）

＊死は一つの確かな運命なのだから、勇者として死ねる時に、なぜ臆病者として死ぬのだ。（アラブ）

しかし、アラブは美徳に対しても言及する。

＊許しは気高さの印である。（アラブ）

＊敵が和平に向かおうとしたら、おまえも同じ方向に向かって神を信頼せよ。（アラブ）

＊もしも敵に勝ったなら、彼を打ち負かしたことへの感謝の表現として、彼を許せ。（アラブ）

いまや全世界が、それぞれの立場で、自分の行動の正当性を立証するために、戦後の復興を口にする。戦わずして儲ける機会でもある。勝利した国から負けた国に入る金の大部分は、貧しい人たちのところにはいかないというのが常識だ。

＊その場にいなければ、分け前にはありつけない。（アラブ）

これが最大の理由であろう。そして、格言の中にはさらに長いスパンを持つ予言的なものもある。

＊たとえそれが醜悪なものでも、自分が持っているもので満足しなさい。たとえどんなに美しいものでも、自分のものでなければ喜べないのだから。（アラブ）

しかし不吉な未来を予測するのかと思われるものもある。

＊アラブ（ベドウィン）は帰ってくる。（アラブ）

ベドウィンたちは一度襲われたら、たとえいったん負けて逃げようともいつか必ず帰ってくるという意味だそうである。

彼らは、他部族と確執があれば決して忘れない。彼らと戦った人々はそのことを知っているのだろうか。

【主要参考文献】

Anis Freyha, *A Dictionary of Modern Lebanese Proverbs*, Beirut, 1974

Paul Lunde & Justin Wintle, *A Dictionary of Arabic and Islamic Proverbs*, London, Boston, Melbourne and Henley, 1984

Isa Khalil Sabbagh, "*As the Arabs Say*…", Washington D.C., 1985

H. R. P. Dickson, *The Arab of the Desert*, London, 1949

John Lewis Burckhardt, *Arabic Proverbs or the Manners and Customs of the Modern Egyptians, illustrated from their proverbial sayings current at Cairo*, London, 1988

Joseph Hanki, *Arabic Proverbs*, New York, 1998

Riad Aziz Kassis, *The Book of Proverbs and Arabic Proverbial Works*, Leiden, 1999

曽野綾子　1931（昭和６）年東京都生まれ。聖心女子大学卒業。聖十字架章、吉川英治文化賞など多数受賞。日本財団会長。著書に『神の汚れた手』『部族虐殺』『沈船検死』『天上の青』『夢に殉ず』など。

Ⓢ新潮新書

011

アラブの格言《かくげん》

著　者　曽野綾子《そのあやこ》

2003年５月20日　発行
2021年１月10日　10刷

発行者　佐　藤　隆　信

発行所　株式会社新潮社
〒162-8711　東京都新宿区矢来町71番地
編集部 (03) 3266-5430　読者係 (03) 3266-5111
http://www.shinchosha.co.jp

印刷所　大日本印刷株式会社
製本所　株式会社大進堂

ISBN978-4-10-610011-6　C0225

価格はカバーに表示してあります。

Ⓢ新潮新書

001
明治天皇を語る
ドナルド・キーン

前線兵士の苦労を想い、みずから質素な生活に甘んじる——。極東の小国に過ぎなかった日本を、欧米列強に並び立つ近代国家へと導いた大帝の素顔とは？

002
漂流記の魅力
吉村　昭

海と人間の苛烈なドラマ、「若宮丸」の漂流記。難破遭難、ロシアでの辛苦の生活、日本人初めての世界一周……それは、まさに日本独自の海洋文学と言える。

003
バカの壁
養老孟司

話が通じない相手との間には何があるのか。「共同体」「無意識」「脳」「身体」など多様な角度から考えると見えてくる、私たちを取り囲む「壁」とは——。

004
死ぬための教養
嵐山光三郎

死の恐怖から逃れるのに必要なのは宗教ではなく、「教養」のみである。五度も死にかけた著者による、自分の死を平穏に受け入れるための処方箋。

010
新書百冊
坪内祐三

どの一冊も若き日の思い出と重なる——。凄い新書があった。有り難い新書があった。シブい新書もあった。雑読放浪30年、今も忘れえぬ〈知の宝庫〉百冊。